KB266514

손에 잡히는 AI

인공지능에 관한 거의 모든 이야기

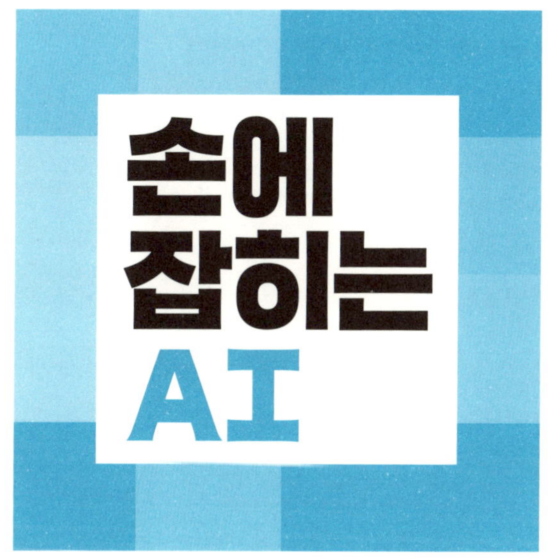

손에 잡히는 AI

최원재 지음

최초의 원시인, 인공지능을 생각하다

"인공지능이 시작된 게 언제일까요?", "왜 만들었을까요?" 이런 질문을 하다 보면 요즘 사람들이 너무나도 기술적으로 현대적인 것들만 생각하는 경향이 있다는 것을 알게 됩니다. "인공지능이 무엇일까요?"라고 물으면 열에 아홉은 "챗GPT요."라고 대답합니다. 이는 철학이 무엇이냐고 물었더니 칸트라고 답하는 것과 같습니다. 인공지능을 모르는 것이지요.

사실 인공지능에 대한 구상은 최초의 원시인에서부터 나왔습니다. 깜깜한 밤에 별들이 빛나는 우주를 보면서 그가 떠올렸던 생각이 지금 우리가 부르는 인공지능이라는 결과를 만든 시작점입니다. 허공을 바라보면서 떠올렸던 기막힌 생각들이 모이고 모여 이뤄낸 문명은 인간의 역사에 인공성을 머무르게 했습니다. 그렇게 원시인에서 고대인, 중세인으로 변모한 철학자들의 인간성과 인공성 탐구는 기계 산업화 시대를 거치면서 너무도 기계적인 생각만으로 바뀌었습니다. '인공성은 곧 기계'라는 안일한 생각이 도리어 인공성의 원천인 인간성을 약화시켰습니다. 그 결과 누구나의 인공성에서 누군가의 인공성으로 변모했습니다.

그러니 인공지능성을 기계와 컴퓨터 분야에 송두리째 넘겨준 세상에서 인공지능에 대해 철학적 사유를 기대하는 것 자체가 무리이기도 합니다. 철학적 사유가 인공지능을 이해하는 핵심인데 말입니다. 인공지능은 디지털 컴퓨터 프로그래밍이기 전에 인간 사유 방식의 결과입니다. 처음에는 인공지능도 아날로그 기술이었습니다.

그래서 이 책에서는 지금의 인공지능을 '인공지능 디지털 기술'이라는 용어로도 이해합니다. 인공지능은 인공성이 들어간 지능 즉, 인간성입니다. 디지털은 숫자이고, 기술은 메커니즘입니다. 단순히 기계만을 가리키지 않습니다. 그러므로 인공지능 디지털 기술을 알아가는 것은 컴퓨터라는 기계 위주의 작동 방식 이전의 인간지능을 탐구하는 것입니다. 이것이 인공지능 연구의 역설이기도 합니다. 인공지능을 알아갈수록 인간지능에 대해 더 많이 알게 됩니다. 기계인 컴퓨터를 공부하면 할수록 인간의 뇌에 관해서 연구해야 할 필요성을 느낍니다.

시간을 거꾸로 되짚어보면 인공지능을 더 잘 알 수 있습니다. 인공지능을 현재의 것으로만 생각해선 안 됩니다. 인간의 상상력은 최초의 원시인에서부터 시작했고, 과거와 또 더 과거의 사람들이 모아놓은 데이터 공작법의 정수가 오늘날의 인공지능입니다. 우리는 우리가 알지도 못하는 사이 몇몇 사람이 만들어 놓은 수만 년짜리 데이터 연산 체계의 집적 모델이 컴퓨터라는 결과를 내놓은 것을 보고 신기해하고 놀랐습니다. 컴퓨터를 무슨 원리로 어떻게 만든 건지도 몰랐고 자기 손으로 만든 게 아니라서 그저 감탄만 하고 있었습니다. 그리고 이내 컴퓨터가 만들어 놓은 인공지능 모델에 빠져들었습니다. 그러고는 이내 공포에 질렸습니다.

저는 인공지능 시대가 되어 막연함, 초조함, 무서움을 갖게 된 이들이 보면 좋을 책을 오래전부터 구상했습니다. 디지털 기기를 몰라도, 컴퓨터 언어 코딩을 못 해도 되는 그런 류의 인공지능 책을 기술서보다 먼저 읽어야만 인공지능의 원리를 알고 인공지능 시대를 살아갈 방법을 스스로 찾게 됩니다. 그리고 인공지능 모델이 상용화되는 세상에서 자기가 할 일, 할 수 있는 일, 하고 싶은 일이 무엇인지 알게 됩니다. 인공지능이 만들어지기까지의 뒷이야기와 속성을 알아야 인공지능의 다음 단계를 계획할 수 있습니다.

인공지능은 도착점이 아닙니다. 전환점입니다. 자동차가 마차를 대신하게 되었을 때 이미 우리에게는 세 가지 옵션이 있었습니다. 자동차를 만드는 사람이 되든가, 자동차를 타고 다른 일을 하든가. 혹은 둘 다이거나. 앞으로도 우리에게는 세 가지 옵션이 있습니다. 인공지능 모델을 잘 만들던가, 인공지능 모델을 이용해서 다른 일을 하든가. 혹은 둘 다이거나.

- 2026년 3월,

최원재

목차

PART Ⅲ

인공지능과 인간 3

PART Ⅳ

인공지능과 인간 4

PART I

인공지능과 인간
1

PART I

1장

인공지능 공포

현대인의 인공지능에 대한 공포는 세 가지 양상으로 나타납니다. 첫째는 '인공지능이 인간을 해지지 않을까?'입니다. 그리고 둘째는 '나의 일이 없어진다.' 마지막으로 셋째는 '나는 왜 인공지능을 모를까?'입니다.

인공지능에 관한 공포는 현대 호모 사피엔스의 상상력에 기인하기도 합니다. 로봇과 인공지능의 결합은 왠지 영화 〈터미네이터 *Terminator*〉를 연상시킵니다. 〈터미네이터〉는 인류를 위협하는 인공지능 로봇 '스카이넷'과 인간의 전쟁을 그린 SF 액션 영화입니다. 인공지능을 탑재한 기계가 인류 문명을 파괴하고 멸망하게 한다는

〈터미네이터〉 시리즈는 인공지능, 로봇에 대한 부정적이고 공포스러운 이미지를 투영했습니다. 〈2001: 스페이스 오디세이*2001: A Space Odyssey*〉에도 인간을 위협하는 인공지능이 나옵니다.

할란 엘리슨*Harlan Ellison*의 1967년 소설《나는 입이 없다 그리고 나는 비명을 질러야 한다 *I Have No Mouth, and I Must Scream*》, 딘 쿤츠*Dean Koontz*의《데몬 시드*Demon Seed*》, 대니얼 H. 윌슨 *Daniel H. Wilson*의《로보포칼립스*Robopocalypse*》, 영화 〈메간 *M3GAN*〉, 〈알파 테스트 *Alpha Test*〉, 〈엑스 마키나*Ex Machina*〉 등의 작품에는 모두 자의식을 갖게 된 인공지능이 나타납니다. 그리고 인공지능이 인간의 통제를 벗어나 논리적 판단을 내리거나 감정을 학습하면서 인간에게 위해를 가하는 상황을 묘사하고 있습니다. 이러한 작품들은 모두 근대 인공지능의 모티프가 된 메리 셸리*Mary Shelley*의《프랑켄슈타인*Frankenstein*》에서 파생했습니다. 그렇다면《프랑켄슈타인》의 원형은 어디서 왔을까요?

인간이 만든 이야기는 인간의 현실과 상상을 반영합니다. 앞에서 말한 영화와 소설은 우리가 인공지능에 대해 얼마나 두려움을 가졌는지를 여실히 보여줍니다. 수공 농업 사회에서 대량 자동 산업사회로 진화하면서 공장과 기계에 가졌던 러다이트*Luddite*의 분노가 자동화 기계가 만들어낸 자본 분배의 불균형에 대한 불안과 불만이었다면 지금 우리의 경계심은 이를 넘어 인공지능 로봇에 의한 인간 '멸종'에 대한 공포입니다. 멸종이라고 하니 '살육', '말살' 같은 단어를 떠올릴지도 모릅니다. 그러나 멸종이라는 건 고유의 기능을 상실하게 하는 것도 포함합니다. 인공지능 모델들의 기능으로 인간이 스스로 필요 없다고 느끼면 '자멸'할 수도 있다는 말입니다.

새로움에 대한 공포는 어느 시대에나 있었습니다. 최초의 원시인이 지구를 돌아다니던 그때에도 도구를 쓰지 못하는 종족이 도구를 이용하는 종족에 대해 갖는 공포도 그렇습니다. 여기에는 '기계는 강력하고, 기술은 흠이 없다.'라는 전제가 있습니다. 언젠가부터 기술에 내해서는 반박할 수 없는 힘이 생겼습니다. '컴퓨터에 이렇게 나오잖아요!'라는 말은 인간이 갖는 인공지능에 대한 종속성을 보여줍니다. 돈 잘 버는 기능인으로서의 인간만이 가치를 인정받는 사회를 사는 기능인 인간에 대한 종말을 고하는 메시지이기도 합니다.

인공지능 모델은 왜 공포로 그려졌을까요? 인공지능이 공포의 대상으로 그려지는 주요 이유는 미지의 것에 대한 인간의 근본적인 불안감, 통제력 상실에 대한 우려, 그리고 일자리와 인류 존속에 대한 잠재적 위협 때문입니다. 인공지능 기술이 너무 빠르게 발전하고 복잡해 어떤 경우 일부 전문가조차 그 잠재적 위험 수준을 정확히 파악하기가 어렵습니다. 인간의 통제를 벗어나 독자적인 판단을 내리는 인공지능에 대한 두려움도 있습니다. 인공지능이 인간의 노동력을 대체하면서 대규모 실업 사태를 초래할 수 있다는 현실적인 공포가 존재합니다. 이게 진정한 인공지능 공포입니다.

이와 비슷한 공포는 오래전 공장용 대량생산 기계가 등장했을 때도 있었고, 자동 연산기인 컴퓨터가 나왔을 때도 있었습니다. 내가 세상과 하나라고 여기던 때가 가고 새로운 시대가 왔는데, 그 시대의 세상에서는 '내'가 사라진 겁니다. 내가 더 이상 중심이 아닌 세상인 겁니다. 내가 직접 할 수 있는 많은 게 사라진 세상이 되어 버렸습니다. 무엇이든지 내가 '내 몸'으로 하는 것이 세상일의 이치였을 때 나는 나의 중심을 잘 잡을 수 있었습니다. 세상의 철학과 나의 철학이 맞아떨어지면 세상의 원리를 내가 충분히 이해하고 이를 실현할 기법(기술)도 내가 이해한 원리와 일치해서 쓸 수 있습니다.

채집하는 일을 하는 세상에서는 나만큼 내 몸의 작동 원리를 잘 이해하는 이도 없으니 '내 몸'으로 채집만 하면 살 수 있었습니다. 채집에 필요한 긁개, 바구니 정도의 도구를 만드는 원리는 한번 보기만 하면 알 수 있었습니다. 그리고 만들 수도 있었습니다. '세상의 원리=세상의 기술=내 원리=내 기술'로 전제되는 곳에서는 인간 모두가 두려울 게 없습니다. 이 대등 관계가 기울게 되어 원리를 모르거나 기술을 구현하지 못하게 되면 사는 게 어려워지고 두려워졌습니다.

'세상의 원리=세상의 기술'의 공식이 깨지기 시작한 게 언제부터였을까요? 석기 시대에는 누구나 세상일의 원리를 기술로 이용할 수 있었습니다. 이때의 도구들도 모두 간단한 것들이었습니다. 청동이라는 게 세상일의 원리가 되있을 때는 어땠을까요? 누구나 청동을 추출할 수는 없었습니다. 세상의 기술이 전부 내 눈 앞에 있는 것은 아니었습니다. 시간이 지나면서 인간은 세상이 자기가 알던 곳보다 훨씬 큰 곳이라는 사실을 알게 되었습니다. 세상이 자기보다 커져 보이기 시작하면 세상은 다가가기에 섬뜩하고 나를 압도하는 곳으로 바뀝니다. 지금은 세상을 움직이는 힘이 최첨단 디지털 인공지능 기술이 되다 보니 세상의 커다란 원리가 나의 작은 삶의 기술을 압도하게 되었으므로 내가 범접할 수 없는 인공지능에 대한 공포가 나타나는 겁니다.

모두의 원리와 누구나의 기술이 아닌 세상에서는 삶의 철학 역시 모두와 누구나의 것이 아니게 됩니다. 시대의 철학 따로 기술 따로인 시대로 돌입하여 기술이 철학을 압도하는 때가 되었습니다. 한 시대의 철학이 규정하는 범위는 인간의 정신도 규정하게 마련입니다. 이데올로기는 경제와도 직접적인 관련을 갖게 됩니다. 그리고 이는 또한 공포의 씨앗이 됩니다. 자유주의와 민주주의가 위협을 받았던 때에 살아본 적이 있는 사람들은 이게 무슨 말인지 잘 알 겁니다.

지금 많은 이들이 인공지능을 두려워하는 이유는 인공지능이 이데올로기인 줄은 모르고 취업을 위한 기능이나 기술로만 보기 때문입니다. 공포에서 벗어나려면 인공지능이 시대의 철학이 되는 배움이 필요합니다. 인공지능은 인간지능보다 빨리 진화하므로 이러한 배움은 평생 필요합니다.

당장 우리나라만 해도 인공지능을 활용한 기계에 대한 즉각적인 공포 반응이 나타났습니다. 다음의 뉴스 기사 제목을 한번 보세요.

현대차 노조 "노사합의 없이 로봇 '아틀라스' 투입 용납 못해"

로봇이 궂은 일 대신해 편리? "되레 스트레스의 주범"

AI의 급격한 확산…전문 서비스업 취업자 수 감소세, 문과 직종 '위기'

AI 확산에 따른 지형 변화…전문직 감소 속 '공간 수요 재편' 전망도

이런 우려는 전 세계적입니다. 이른바 인공지능 테마의 역습입니다. 지금까지는 인공지능이 생산성과 업무 효율성을 증폭시킬 것이라는 기대감 때문에 인공지능 개발 기업의 시장 가치가 올랐으나 인공지능이 소프트웨어 서비스뿐만 아니라 금융과 엔터테인먼트, 심지어 부동산과 물류 사업 모델까지 잠식할 수 있다는 공포가 확산하고 있습니다. 내표적으로 인공지능을 개발한 소프트웨어 업계는 자기 업계 최대 자랑인 인공지능 때문에 가장 먼저 타격을 입고 있습니다.

인공지능이 5년 안에 화이트칼라 직종 절반을 없애고 실업률을 20%까지 끌어올릴 수 있다는 경고도 있습니다. 1930년대 대공황 당시 실업률이 25%였습니다. 인공지능 공포는 미래가 아니라 이미 확산하기 시작했습니다. 미국에서는 27.5%에 달하는 프로그래머의 일자리가 2년 만에 사라졌습니다. 관련 업종의 실업률은 점

점 늘어나고 있습니다. 《워싱턴포스트》에 따르면 컴퓨터 프로그래머 일자리가 2년 만에 27.5% 사라져 1980년 수준으로 되돌아갔습니다. 이러한 급감은 2022년 말 챗GPT 출시와 정확히 일치합니다.

무엇보다도 인공지능에 대한 공포 그 아래에는 인공지능이 전해주는 편리함에 발목 잡힌 인간의 무지와 게으름이 자리하고 있습니다.

"조카 세뱃돈 얼마가 적당할까"…AI가 제안한 액수 보니

이런 제목의 기사를 보면 인간은 어느새 자기의 가치 판단도 인공지능 모델에게 묻고 따르고 있습니다. 말이 인공지능 모델의 대답을 참고한다는 것이지 결국 인공지능의 대답을 곧 기준으로 받아들입니다. 이렇게 인공지능은 가깝지만 먼 대상이 되어갑니다. 편리하지만 불편한 존재가 됩니다. 그러다 보니 '인공지능=디지털 기술'이라는 생각에 휩싸여 인공지능의 본질을 보기보다는 '내가 어떻게 저런 복잡한 기술을 배워?', '저거 너무 어렵겠는데….'라며 배울 생각조차 하지도 않는 게 인공지능 공포 그 자체입니다.

디지털 기술을 다루는 기법이 아니라 기술의 원리를 알아보면

인공지능이 공포가 아니라는 것을 알게 됩니다. 인공지능 디지털 기술로 일어나는 '세상의 원리'를 알아봐야 합니다. 그렇게 해야만 비로소 인공지능이 '세상의 원리=세상의 기술'이 될 수 있습니다. 지금은 아이디어만 있으면 이를 구현하고 수익화해주는 노 코딩*No Coding* 인공지능 모델도 있습니다. 이전의 복잡했던 컴퓨터 원리가 복잡했던 기술로 남아 있지 않고 쉬운 기술로 세상에 나온 것입니다. 컴퓨터로 인해 '세상의 원리≠세상의 기술'이었지만 인공지능으로 인해 '세상의 원리=세상의 기술'이 되었습니다.

노 코딩 인공지능 모델은 프로그래밍 언어 없이 드래그 앤 드롭*drag&drop*, GUI*graphical user interface* 등 시각적 인터페이스를 통해 AI 모델을 구축, 훈련 및 배포하는 기술입니다. 비전문가도 데이터 수집, 학습, 모델 배포 과정을 쉽게 진행할 수 있어 개발의 민주화를 가속화하고 있습니다. 주요 노 코딩 AI 모델 및 플랫폼은 다음과 같습니다.

https://replit.com

https://teachablemachine.withgoogle.com

https://www.deepblock.net

https://about.appsheet.com

https://n8n.io

https://leonardo.ai

노 코딩 플랫폼이 나왔다고는 해도 컴퓨터 언어를 모르면 반쪽 플랫폼에 불과합니다. '무슨 말인지도 모르는 채 기계적인 암기로 영어 시험을 통과하느냐?' 아니면 '뜻이라도 알고 외운 상태로 영어 시험을 통과하느냐?'의 차이는 시간이 지나면서 확연해집니다. 완벽히는 아니더라도 인공지능의 메커니즘을 알아가야 합니다. 조금씩 원리를 알아간다는 것은 자기의 생각을 천천히 그렇지만 꾸준히 인공지능의 원리와 기술에 덧댈 수 있다는 말입니다.

'인공지능 디지털 기술에 종속되어 가느냐? 아니면 '인공지능 기술의 원리를 알고 사느냐?'의 차이점은 인공지능 디지털 기술을 기능을 넘어 원리와 사고로 꿰뚫고 있느냐 없느냐의 차이입니다. 인공지능이 파생한 디지털 상품만 잘 다루는 것으로는 또다시 인공지능에게 종속될 수밖에 없습니다. '인공지능=세상의 원리=세상의 기술'이 된 시대에 '내'가 다시 세상의 중심이 될 수 있는 기회를 놓쳐서는 안 됩니다.

인공지능 하면 떠오르는 것들: 어려운 말들, 컴퓨터 언어, 데이터, 시장, 돈

어려운 말들

인공지능은 기계 덩어리가 아닙니다. 요새 많이 쓰는 '인공지능'이라는 용어는 조금 혼란스럽습니다. 인공지능이라는 표현은 엄밀하게 말하면 기술성을 내포한 연산 수식입니다. 인공지능은 컴퓨터가 인간과 같은 지능적인 행동을 모방하고 수행할 수 있도록 만든 과학 기술의 한 모습입니다. 데이터를 통해 학습하고 사람처럼 생각하는 지능형 시스템을 의미합니다. 단순히 말하면 숫자를 빨리 계산하고, 서로 연관되는 것들을 빠르게 정리하고 결합하는 그런 연산식입니다. 글로 정리하기도 하고, 이미지로 결합하기도 합니다.

알고리즘*algorithm*이라는 말을 들어본 적이 있을 겁니다. 알고리즘은 문제 해결을 위한 절차나 규칙의 집합입니다. 알고리즘을 이용해서 인간의 학습, 추론 능력을 모방하고 스스로 문제를 해결하는 기술 혹은 시스템이 인공지능입니다. 즉, 알고리즘은 인공지능을 구현하는 핵심 도구이며, 인공지능은 데이터를 통해 학습하며 규칙을 스스로 만들어내는 지능적인 알고리즘을 포함합니다. 지금은 인공지능의 과도기입니다. 그래서 인공지능이라는 용어가 너무 포괄적으로 쓰이고 있습니다. 챗GPT, 구글 어시스턴트 같은 인공지능 기반의 챗봇부터 로보틱까지, 그리고 예측 분석에 이르기까지 매우 많은 것을 포함합니다.

그런데 이러한 생각과 기술이 사람의 전유물이므로 인공지능이라고 하면 왠지 무슨 형체가 있는 사람 같은 존재이려니 하는 생각이 듭니다. 그건 인공지능 모델이 탑재된 로봇입니다. 그러므로 엄밀히 말해서 인공지능과 인공지능 모델은 구분해서 써야 합니다. 인공지능이 탑재되지 않은 로봇도 있습니다. 단순한 자동화 로봇은 인공지능과 관계없는 부속품들의 조립체입니다.

인공지능은 컴퓨터가 인간의 학습, 추론, 문제 해결 등 지능적인 행동을 모방하고 수행하도록 만드는 컴퓨터 과학의 한 분야를 말합니다. 데이터를 기반으로 스스로 학습(머신러닝*Machine Learning*, 딥러닝 *Deep Learning*)하여 정교한 판단을 내리고, 이미지나 언어 같은 새로운 콘텐츠를 생성하는 기술을 전부 가리킵니다. 인공지능 에이전트*AI agent*라는 말도 있습니다. 에이전틱 AI*Agentic AI* 라고도 하는데, 이는 사용자가 정의한 목표를 달성하기 위해 인공지능 모델을 활용하여 환경과 상호작용을 하는 시스템입니다.

인공지능을 설명할 때 어려운 말들이 나옵니다. 어쩔 수 없습니다. 알아가는 수밖에요. 머신러닝은 데이터를 통해 컴퓨터를 학습시켜 규칙을 찾아내고, 이를 기반으로 예측이나 분류를 수행하는 기술입니다. 사람이 데이터의 어떤 특징이 중요한지*feature extraction* 정의해 주어야 합니다. 머신러닝 알고리즘은 데이터를 통해 패턴을 학습하는 수학적 절차(방법론)입니다. 이를 통해 생성된 최종 결과물이 머신러닝 모델(예측 규칙)입니다. 알고리즘을 데이터에 적용해 학습시키면 새로운 데이터의 결과나 분류를 예측할 수 있는 모델이 완성됩니다. 데이터를 카테고리별로 분류하고, 회귀*Regression*를 통해 연속적인 수치를 예측합니다. 회귀란 독립변수(즉 입력값)와 연속적인 종속변수(즉 결과값) 간의 관계를 모델링하는 것입니다. 데이터의 경향성을 가장 잘 설명하는 직선이나 곡선을 찾는 과정입니다. 그래서 수학을 알아야 인공지능의 원리와 기술을 이해하고 적용할 수 있습니다. 딥러닝은 심층 학습입니다. 이 용어는 인공신경망의 구조에서 유래했습니다. 딥러닝은 머신러닝의 하위 분야로 인간의 뇌 구조를 모방한 다층 신경망*Multi-layered Neural Network*을 사용하여 데이터를 학습하는 기술입니다. 딥러닝 이전의 전통적인 머신러닝이나 초기 인공신경망*Perceptron*(퍼셉트론)은 입력층과 출력층 사이에 데이터를 처리하는 은닉층*hidden layer*이 1~2개로 얕았습니다. 다음의 그림 (a)와 (b)는 각각 인간의 신경망과 딥러닝의 구조도를 보여줍니다.[1]

딥러닝은 이 은닉층을 수십, 수백 개 이상으로 깊이*deep* 쌓아 올린 구조를 사용합니다. 층이 깊어질수록 모델이 데이터의 더 복잡하고 추상적인 특징을 학습할 수 있게 됩니다. 딥러닝은 인간의 뇌 구조와 유사한 다층 인공신경망을 활용합니다. 데이터가 많을수록

---

1   Udaya Mohanan, K., Cho, S. & Park, BG. Optimization of the structural complexity of artificial neural network for hardware-driven neuromorphic computing application. Appl Intell 53, 6288-6306 (2023). https://doi.org/10.1007/s10489-022-03783-y

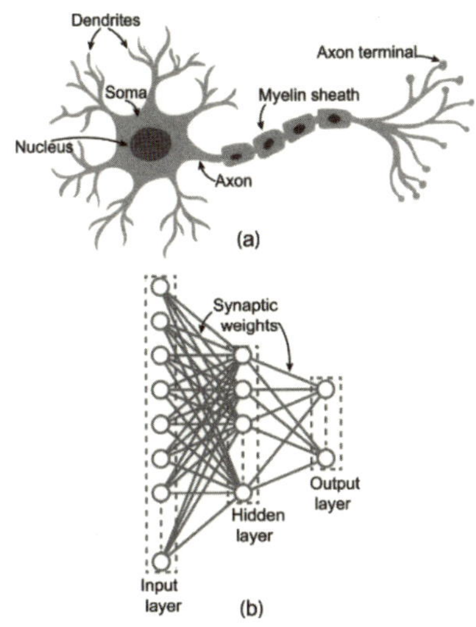

그림 1. 인간의 신경망과 딥러닝의 구조도

성능이 향상되며, 데이터의 특징을 스스로 학습하여 복잡한 패턴을 인식합니다.

딥러닝은 머신러닝과 달리 사람이 특징을 정의할 필요 없이 데이터에서 직접 높은 수준의 특징을 학습합니다. 딥러닝은 얼굴 인식, 자율주행차 객체 탐지, 의료 영상 분석, 자동 번역, 챗봇, 코드 생성, 시리Siri, 알렉사Alexa 등 음성 인식, 넷플릭스, 유튜브 등 맞춤형 콘텐츠 추천, 금융 분야의 사기 탐지 및 시장 예측에 이용되고 있습니다.

딥러닝 모델은 방대한 데이터에서 패턴을 학습하여 이미지 인식, 자연어 처리, 예측 등 복잡한 문제를 해결합니다. CNN *Convolutional Neural Network*(합성곱 신경망)은 이미지 및 영상 데이터 처리에 특화된 딥러닝 알고리즘입니다. RNN *Recurrent Neural Network*(순환 신경망)은 시계열 데이터나 자연어처럼 순서가 중요한 데이터를 처리하는 딥러닝 모델입니다. Transformer(트랜스포머) 모델은 RNN을 제거하고 어텐션 *Attention* 메커니즘만 활용하여 텍스트를 병렬로 처리하는 혁신적인 딥러닝 모델입니다.

컴퓨터 언어

컴퓨터 언어를 사용하여 인공지능을 설계하는 것은 데이터를 기반으로 기계가 학습하고 예측할 수 있는 논리 구조(모델)를 코드로 구현하는 과정입니다. 요새 많은 인공지능 개발은 파이썬 *Python*을 주로 사용하며, 데이터 수집부터 모델 배포까지 체계적인 단계를 거칩니다.

인공지능을 설계하고 구현하는 데에는 보통 다음의 여섯 단계가 필요합니다.

1. 문제 정의 및 목표 설정: 무엇을 할 인공지능을 만들지 설정합니다(예: 이미지 분류, 챗봇, 예측 모델).
2. 데이터 수집 및 전처리: 학습에 사용할 데이터(영상, 텍스트, 숫자 등)를 수집하고, 노이즈를 제거하고, 라벨링합니다.
3. 알고리즘 및 라이브러리 선정: 문제에 맞는 학습 알고리즘(CNN, RNN, Transformer 등)을 선택하고, 파이썬 기반의 TensorFlow, PyTorch, Scikit-learn 같은 도구를 사용합니다.
4. 모델 학습Training: 준비된 데이터를 알고리즘에 입력하여 컴퓨터기 패턴을 찾도록 학습시킵니다. 이 과정에서 파이썬 등의 컴퓨터 언어가 필요합니다. 흔히 '인공지능 모델링'이라고 불리는 영역입니다.
5. 평가 및 최적화: 학습된 모델을 실제 데이터로 테스트하여 정확도를 평가하고, 하이퍼파라미터 튜닝을 통해 성능을 높입니다.
6. 배포 및 운영: 완성된 모델을 실제 애플리케이션에 탑재하여 활용하고 지속적으로 관리합니다.

인공지능 개발에 주로 사용하는 컴퓨터 언어는 파이썬입니다. 배우기 쉽고 가독성이 높은 문법을 갖고 있습니다. 머신러닝, 딥러닝, 데이터 분석, 자연어 처리NLP, 생성형 AI 모델 구축하는 데 많이 쓰입니다. 주요 라이브러리로는 앞서 말한 TensorFlow(텐서플로), PyTorch(파이토치), Scikit-learn(사이킷런) 등이 있습니다. 가장 기초적인 인공지능 모델 제작 방법은 Scikit-learn 라이브러리를 사용하는 겁니다.

인공지능 모델은 기본적으로 방대한 데이터를 학습하여 패턴을 인식하고, 이를 기반으로 새로운 데이터를 예측하고, 콘텐츠 생성을 수행하는 컴퓨터 알고리즘 프로그램입니다. 딥러닝과 머신러닝 기술을 통해 인간의 뇌처럼 데이터 간의 복잡한 관계를 파악하는 가상의 두뇌 역할을 합니다. 인공지능 모델의 기본 원리와 인공지능을 기술로 사용하기 위해서는 수학적으로 대화하는 사고와 이를 컴퓨터 언어로 번역하는 능력이 필수입니다.

그런데 솔직히 둘 다 잘하기가 쉽지 않습니다. 사실 이 두 가지가 인공지능 공포의 주된 이유입니다. '수학과 컴퓨터 언어? 내가 이걸 어떻게 해?'라면서 인공지능 배우기를 멀리 합니다. 포기가 사실상 우리 인간의 가장 큰 적입니다. 그런데 인공지능 배우기에서

한 가지 모두가 간과하는 게 있습니다. 앞의 문장에도 나와 있는 힌트가 있습니다. '수학'과 '컴퓨터 언어'라는 용어에 가려 안 보이는 모양입니다. 수학과 컴퓨터 언어도 중요하지만 그에 못지않게 중요한 것이 '대화하는 사고'와 '번역하는 능력'입니다.

데이터

인공지능을 가능하게 하는 것들은 무엇일까요? 컴퓨터가 있어야 하고, 컴퓨터 언어가 있어야 합니다. 그리고 무엇보다 데이터가 있어야 합니다. 좋은 데이터만 있으면 여러분도 자기의 편의를 위한 추론을 컴퓨터에게 맡길 수 있습니다. 즉, 보나 냉확한 예측이 가능해집니다. 이런 식으로 추론의 방법이 다루는 내용도 모두 데이터입니다.

그런데, 이런 것이 지금에서만 가능한 일일까요? 인공지능 하면 컴퓨터가 항상 함께 떠오르는 이유는 컴퓨터에 의해서 빠른 연산식을 만들고 또 이로써 연산을 실행하는 일이 가능해졌기 때문입니다. 그런데 본질은 인공지능의 연산이 다름 아닌 사람의 연산 아이디어에서 나왔다는 사실입니다.

인간이 선대先代에게 이야기를 듣고 책을 읽어 가며 배우는 방식을 모방하는 것이 머신러닝입니다. 인류 최초의 아버지가 된 사람은 그 자식에게 '휴먼 티칭'을 했고, 그 아이가 최초의 '휴먼 러닝'을 한 이였습니다. 오래전부터 우리는 천재적인 학습 능력을 보이는 아이에게 '하나를 가르치면 열을 안다.'라고 했습니다. 이 말이 곧 인공지능의 성격입니다. 이런 말이 나왔을 때는 컴퓨터가 있지도 않았던 때였습니다. '사람 선생님'이 '사람 아이'에게 했던 말입니다. 휴먼 러닝을 한 이 중에서 자기 생각을 오래도록 저장하고 시·공으로 멀리까지 전달하려는 마음을 처음으로 갖게 된 사람이 그 방법을 찾던 결과가 수천 년이 지난 지금의 인공지능 디지털 기술로 나타난 것입니다.

이렇게 한번 생각해 보세요. 중세 이탈리아의 물리학자이자 천문학자 갈릴레이 갈릴레오는 망원경 하나와 수학적 사고만으로 우주 속 행성의 위치를 파악했습니다. 갈릴레오의 뇌라는 연산장치에 갈릴레오가 읽고 축적한 고대부터 중세까지의 수학, 천문학 등 도메인 지식이 들어가서 행성의 위치 파악 연산을 하기 시작합니다. 그리고 행성의 위치를 파악합니다.

이 과정에는 갈릴레오의 뇌를 만나기 이전까지 축적된 인류의 데이터가 모두 사용되었습니다. 지금 우리가 인공지능 모델이라고 부르는 것이 이와 똑같이 인간지능의 워크 플로우^{work flow}를 갖습니다. 인간지능과 인공지능의 워크 플로우에서 차이점은 답을 알아내는 시간밖에 없습니다. 그리고 인간지능이 인공지능과 다른 점이라면 인간에게는 '왜?'라고 하는 물음이 스스로 계속된다는 점과 전기가 필요하지 않다는 사실밖에 없습니다.

갈릴레오 같은 천재 인간의 뇌에서 연산되는 데이터의 처리 방식을 따라 디지털로 만든 것이 지금의 인공지능 모델입니다. 만약 컴퓨터가 갈릴레오라는 인간의 행위까지도 데이터로 파악하고 받아들여 축적한다면 이게 조금 위험한 상황이 되겠지요. 인공지능 워크 플로우가 우리 인간의 행동과 심리를 분식해서 예측할 테니까요.

시장

시장에 나와 있는 대표적인 인공지능 상품들을 보겠습니다. 여러분이 이것들을 다 읽고 난 다음 구시대의 유물이 될 수 있을 만큼 인공지능 기술은 빠르게 발전하고 있습니다. 여기에 모든 것을 다 적을 수는 없지만 커다란 축이 되는 몇몇 상품을 알려드리겠습니다.

1. 자율주행 차량은 많은 센서 데이터를 이용해 임무를 수행하는 동시에 교통상황에 대응하는 방법을 학습하고 실시간 의사 결정을 만듭니다. 자율주행 차량은 운전자의 제어 없이 운행하기 위해 인공지능 기술과 기계학습을 사용합니다.

2. 시리, 알렉사 등 유비쿼터스 스마트 디지털 기기는 인간이 명령을 내리면 듣고 응답하여 특정한 행동을 실행합니다. 이 기능은 수 초 만에 사용자가 말한 내용을 분석하고 명령을 해석하여 수행합니다.

3. 넷플릭스, 유튜브, 스포티파이 등의 추천 기능에도 인공지능이 쓰입니다. 이용자가 이미 보고 좋아한 것을 고려해서 수많은 다른 콘텐츠와 이를 비교하고 대조합니다. 사용자가 제공하는 데이터로부터 정보를 얻은 다음 자신의 데이터베이스를 사용하여 사용자의 요구에 가장 적합한 콘텐츠를 제공하는

방식에 인공지능을 쓰는 것입니다. 데이터 간 동질화, 이질화에 인공지능이 사용됩니다.

4. 챗봇도 인공지능을 사용하는 인공지능 모델입니다. 이를 사용함으로써 고객으로부터 중요한 정보를 얻는 동시에 직원의 시간을 다른 작업에 쓸 수 있습니다. 많은 질문에 동시에 답할 수 있기 때문에 접속량이 많은 특정 시간대에 특히 유용하게 쓰입니다.

5. 스팸 필터에는 사용자에게 도달할 수 있는 스팸의 양을 최소화하는 여러 규치과 알고리즘이 있습니다. 이를 이용하면 성가신 광고 등으로부터 벗어날 수 있을 뿐만 아니라 신용 카드 사기, 신원 도용 및 악성 소프트웨어 방지에도 도움을 받을 수 있다. 좋은 스팸 필터를 효과적으로 만드는 것은 바로 이 필터를 실행하는 인공지능입니다. 필터 뒤에 있는 인공지능은 이메일 메타데이터를 사용합니다. 즉, 특정 단어나 문구를 지속적으로 주시하고 일부 신호에 초점을 맞춰 스팸을 걸러냅니다.

6. 인공지능 에이전트는 환경과 상호작용을 하고, 데이터를 수집하고, 해당 데이터를 사용하여 미리 정해진 목표를 충족하는 자기 주도적 작업을 수행할 수 있는 지능형 소프트웨어 시스템입니다. 사용자가 정의한 목표를 달성하기 위해 스스로 환경을 인지하고, 추론 및 계획을 세워 외부 도구(API, 웹 검색 등)를 활용해 작업을 자율적으로 수행합니다. 단순히 묻고 답하는 챗봇을 넘어, 텍스트·음성·이미지 등을 처리하며 업무 프로세스 전체를 자동화하는 능력을 갖췄습니다.

인공지능 모델이 서비스되면서 한 일 중 하나가 '시간의 촉박함'을 '시간의 영리함'으로 만들어 놓았다는 점입니다. 하루는 24시간이지만 인공지능의 시간은 이를 넘어섰습니다. 에디슨이 전구를 만들어 하루의 낮을 연장했고 그래서 인간이 일하는 시간을 밤의 영역까지 침범하게 했다면 인공지능의 개발은 나흘 치 일을 하루에 끝낼 수 있게 만들어 버렸습니다. 이렇게 사람이 시간에 대해 갖는 생각도 바꿔가고 있습니다. 하루가 천 년이 될 수도 있고, 천 년이 하루가 될 수도 있습니다.

이럴 때 돈을 버는 산업은 무엇이 있을까요? 인공지능으로 돈을 버는 산업이라고 해서 반드시 컴퓨터 산업, 디지털 기술 산업이라고 할 수는 없습니다. 밤이 낮이 되면서 야식 산업이 발달했고, 밤을 낮처럼 즐길 수 있게 하는 무언가가 계속 나왔습니다. 마찬가지로 인공지능과 기계 산업이 만나 인공지능 로봇이 나왔으니 로봇 클리닉도 나올테고 로봇과 함께 하는 무언가가 나오겠군요.

라사*Rasa*라는 회사는 음식을 분석한 후 냉장고와 식료품 저장고에 있는 재료를 기준으로 레시피를 추천하는 인공지능 시스템을 개발했습니다. 로봇이 반드시 휴머노이드는 아니니 로봇성性을 이해하면 그에 걸맞은 산업이 또 나올 겁니다. 인공지능 덕분에 야근이 줄기도 하겠군요. 오래 걸리는 일을 인공지능이 대신 해주니까요. 어떤 사람은 인공지능으로 일찍 퇴근을 하고, 어떤 사람은 인공지능이 불러온 빠른 시간 영역대를 이용해서 또 돈을 벌겠군요. 인공지능 시대에는 관련한 일을 생각하면 분명히 좋은 사업 아이템이 나올 수 있습니다.

인공지능을 이용해서 서비스를 만드는 기업을 알아볼까요? 이들이 하는 일을 살펴보면 인공지능이 지금 어떤 역할을 하는지, 우리가 어떻게 인공지능에 대해 준비할지 알 수 있습니다. 테크놀로지 자이언트*Technology Giant*(기술 거인)라고 하는 기업은 공통으로 인공지능 모델을 개발했습니다. 이 모델은 자기네 서비스를 이용할 수 있도록 구성한 플랫폼입니다.

인공지능 서비스 개발 기업은 단순히 인공지능 모델을 개발하는 것을 넘어 서비스 형태로 구현하여 기업과 개인이 실제 업무나 일상에서 활용할 수 있는 가치를 제공하는 데 집중하고 있습니다. 초거대 언어 모델, 생성형 인공지능, 온디바이스*On-device* 인공지능 등의 기술을 통해 업무 생산성 향상, 맞춤형 콘텐츠 제작, 산업 자동화 등의 서비스를 선보이고 있습니다. 산업에 인공지능이 끼어들면서 현대인은 항상 '시간-생산적'이어야 한다는 압박에서 벗어나 순간을 즐길 수 있는 분위기가 형성되고 있습니다. 생산성 증대를 위한 기술의 시간에서 의미 있는 삶을 위한 철학적 시간으로 회귀하는 것입니다.

이는 고대철학의 모토이기도 했습니다. 미래라는 값에 나의 어떤 삶이 들어갈지에 대한 고민은 훨씬 '덜' 산업적이게 되었고 '더' 철학적으로 회귀했습니다.

돈

　'인공지능을 모르면 어떻게 하지?', '앞으로 어떻게 살지?' 이런 포모_FOMO_가 생겼습니다. 포모는 'Fear Of Missing Out'의 약자로 유행에서 뒤처질까 봐 느끼는 불안감과 두려움을 뜻합니다. '소외 불안 증후군'이라고도 불립니다. 지금 인공지능이라는 말 앞에서 사람들은 어찌할 바를 모릅니다. 요새 부쩍 세상의 뉴스가 전부 인공지능 이야기입니다. 그 가운데 시장과 돈이 자리합니다.

　많은 사람들이 모두 부자를 욕망합니다. '요새 부자들은 모두 인공지능 관련한 일을 한다던데…', '인공지능 관련 주식이 올라간다는데…', '그런데 나는?' 이런 생각으로 소외되고 쪼그라듭니다. '인공지능 디지털 기술도 없고, 돈도 없으면 나는 어떻게 살지?'라는 생각에 마음만 급해집니다.

　요즘 주식 시장에서도 인공지능과 관련한 기업의 주가가 유례없이 올라 인공지능과 관련한 포모는 더 커졌습니다. 한편으로는 흥미롭게도 주가 급락의 주범도 역시 인공지능 연관 기업의 주식 가치였습니다. 인공지능이 헤드라인으로 나온 뉴스 기사를 살펴보겠습니다. 대부분 돈에 관한 기사입니다. 가장 마지막 기사 제목을 눈

여겨 보세요.

AI 열풍에 억만장자 되는 기간 짧아지고 2030부자 늘었다.

"1억 넣었더니 4억6000만원 됐다"…1년 동안 주가 '360%' 폭등한 'SK스퀘어'

해고보다 먼저 채용 중단…AI가 흔든 고용 시장

TSMC 역대 최대 실적에 반도체주 급등

'피지컬 AI' 업고 달리는 현대차, 장중 시가총액 90조원 돌파

정기선, 팔란티어 CEO 만났다…HD현대와 AI 동맹

반도체 다음은 로봇 랠리?…두산로보틱스, 20%대 급등

"발전소 내놔" 트럼프 꺼내든 카드 때문에…들썩거리는 종목

삼성전기, AI·전장 실적 성장…창사 이래 최대 매출세워

글로벌 벤처 투자도 'AI 올인'…비중 절반 넘겨

CES 사로잡은 '피지컬 AI'…현대차 등 관련 종목 주가 날았다

'피지컬 AI' 시대 로봇주 재조명…관련주 연일 강세

로봇이 뜨니 이차전지도 뜬다

세계 5위 낸드플래시 제조사 '어닝 서프라이즈' 매출 61%↑…영업이익 386% '폭증'

AI 기술주 반발 매수에 동반 상승…다우 또 사상 최고치

"AI 투자 수혜 지속 가능"…반도체·에너지株 일제히 반등

뉴욕증시, AI가 다 먹어 치운다는 공포…급락 마감

지금 많은 사람들이 인공지능 하면 돈을 벌어다 주는 소재로 인식하고 있습니다. 기업이든 개인이든 너나 할 것 없이 "인공지능, 인공지능" 하니까 인공지능 없이는 오늘날 경제가 돌아가지 않는다는 것은 모두가 알고 있습니다. 그런데 사람들 대부분이 정작 인공지능 개발 기업의 이름을 들어는 봤어도 무엇을 하는 곳인지는 잘 모릅니다. 인공지능 모델과 서비스 개발로 기업 이익이 늘어 주식 시장에서 주가가 폭등하면서 알게 된 회사들입니다. 인공지능 메커니즘 개발 제작 기업을 알아볼 필요가 있습니다. 인공지능의 메커니즘을 개발해서 서비스와 상품을 제작하는 곳에 대해서 말입니다. 주요 인공지능 서비스 개발 기업과 모델을 살펴보겠습니다.

OpenAI: ChatGPT[2]를 통해 생성형 AI 시장을 주도하며, 기업용 ChatGPT 솔루션 및 API 서비스를 제공.

Microsoft: Azure AI 서비스를 통해 기업 맞춤형 AI 모델 구축 및 클

라우드 AI 서비스 제공.

Google: Vertex AI 플랫폼을 통해 머신러닝 모델의 개발, 학습, 배포를 지원.

Anthropic: 안전성과 윤리를 강조한 AI 모델 Claude[3] 개발.

NVIDIA: AI 인프라(GPU)[4]뿐만 아니라 AI 모델 학습 및 추론을 위한 서비스 제공.

Meta: 라마(Llama) 모델을 기반으로 한 오픈소스 AI 생태계 및 소셜 미디어 AI 기능 강화.

Adobe: 생성형 AI인 파이어플라이(Firefly)를 활용해 디자인 및 영상 편집 서비스 제공.

네이버(NAVER): 초거대 AI 하이퍼클로바X를 기반으로 검색, 클라우드, B2B 솔루션 제공.

---

2 GPT는 'Generative Pre-trained Transformer'의 약자로, OpenAI가 개발한 사전 학습된 생성형 변환기를 뜻합니다. 방대한 데이터를 기반으로 인간처럼 자연스러운 문장을 이해하고 생성하는 AI 모델입니다.

3 고성능 대형 언어 모델(LLM) 시리즈로 자연스러운 대화, 논리적 추론, 코딩 및 문서 분석에 탁월한 인공지능

4 Graphics Processing Unit(그래픽 처리 장치): 그래픽 렌더링, 영상 편집, AI 학습 및 연산에 특화된 고속 병렬 처리 장치. 수천 개의 작은 코어가 동시에 데이터를 처리하여 복잡한 수학적 계산을 병렬로 수행하며 게임, 고해상도 영상, 딥러닝 등에 필수적인 핵심 부품.

LG AI 연구원: 초거대 AI 엑사원(EXAONE)을 활용해 제조, 바이오, 금융 분야 특화 솔루션 개발.

SK텔레콤/KT: AI 컨택 센터(AICC), 에이닷(A.dot) 등 통신 기반 AI 서비스 강화.

업스테이지(Upstage): LLM 및 기업 맞춤형 AI 모델 개발.

포티투마루(42Maru): 초거대 언어모델 및 검색 증강 생성(RAG) 기술 기반의 엔터프라이즈 AI 서비스.

마음AI(maum.ai): AI 컨택 센터, AI 아바타 등 다양한 서비스형 AI (AIaaS) 제공.

이스트소프트: AI 아바타, STT(Speech-to-Text, 음성텍스트변환) 등 AI 휴먼 기술 서비스.

Synthesia: AI 아바타를 활용한 영상 제작 서비스.

Runway: 동영상 생성 및 편집 AI 플랫폼.

Jasper AI: 마케팅 및 콘텐츠 생성을 위한 특화 AI 솔루션.

Perplexity: AI 기반의 대화형 검색 엔진 서비스.

ElevenLabs: 고품질 음성 합성 및 AI 보이스 기술.

Notion: 워크스페이스 내 AI를 도입해 문서 요약, 초안 작성 서비스 제공.

Abridge: 의료 대화를 기록하고 요약해 주는 의료 전문 AI 서비스.

이들은 검색 엔진, 챗봇, 자율주행, 의료, 금융 등 다양한 산업 분야에 인공지능 디지털 기술을 적용하며 시장을 이끌고 있습니다. 인공지능 모델 서비스의 공통점은 사용자의 집중을 위한 활용도입니다. 문제 해결이라는 핵심 과업을 위한 효율적인 방법(론)을 제시함으로써 사용자가 올곧이 문제에 집중하도록 유도합니다. 그리고 기업과 사회가 인공지능을 쓰는 이유는 단순히 기술 개발에 그치지 않습니다. 인공지능을 통해 수익이 증대하고 비용을 절감하는 실질적인 경제적 가치와 사회적 가치를 동시에 창출하는 것이 인공지능 사용의 근본적인 목적입니다.

사회적인 가치를 어떻게 창출할까요? 제조업 사회 방식의 생각으로만 인공지능을 보면 일자리 창출, 일자리 상실 등 고용 관련 생각을 제일 먼저 하게 됩니다. 그러나 저는 인공지능 로봇이 나오면 곧 자급자족, 물물교환, 서비스-서비스 교환의 사회로 인류가 재진입할 것이라고 예상합니다. 이런 기술이 어떻게 작동하는지 알면 인공지능 시대에 '내가 할 수 있는 역할'을 찾아볼 수 있습니다.

"내가 인공지능을 만들 수 있나?", "인공지능을 만들면 어떻게 써

먹어?", "인공지능도 돈 주고 살 수 있나?", "인공지능이 일상화되고 있는데, 나는 어떻게 해?", "나도 만들어 쓰고 싶어!", "지금은 검색, 이미지 자동 완성밖에 안 되잖아?" 이런 물음에 대한 답을 찾는 것이 관건입니다. 이게 가장 중요합니다. 오래전부터 인간이 그렇게 갈구하던 인공지능 모델을 마주했으면서도 사람들은 답답, 초조해합니다.

사실 인공지능이라고 해서 모두에게 만능인 것은 아닙니다. 인공지능을 가장 잘 쓰는 사람은 인공지능을 만든 사람입니다. 이들은 '인공지능 원리=인공지능 기술=세상의 원리=삶의 기술'로 받아들이는 사람들입니다. 인공지능을 성공적으로 구현하기 위해서는 인공지능을 고정된 어떤 것으로 생각해서는 안 됩니다.

간단하게 생각하면 인공지능이란 컴퓨터를 학습시키는 인간의 시나리오, 그리고 그 모델이라고 보면 됩니다. 그러니 상황에 맞는 인공지능이 있을 수 있습니다. 이것을 인간성과 인공성이 결합해 나온 제3의 성질인 '인공지능성'이라고 해야 할까요? 인간의 모든 상황을 이해하고 예측해서 인간과 함께 판단을 내리는 〈스타워즈〉의 드로이드*Droid* 나 〈아이언맨〉의 자비스*J.A.R.V.I.S.* 같은 인공지능 모델인 휴머노이드가 나오는 날이 머지않았습니다.

PART II

인공지능과 인간
2

PART II

3장

인공지능을 만든 생각: 가상성, 추상성, 직관성

가습기, 인공강우, 집, 옷, 우산, 자동차, 비행기 등은 자연의 법칙을 모방하는 인간의 욕구를 보여줍니다. 태생적으로 인간은 자연을 자기 손아귀에 넣고 싶어 했습니다. 이게 모방을 넘어서는 가상성입니다. '만약에 ~라면', '만약에 우리~' 등의 가정*as if*, 'A 같은 B', 'A는 B'라는 메타포에서 나오는 영감은 인공지능 기술이 따라 하지 못합니다. 모든 기계의 발명은 이런 인간의 메타포 본성 즉, 가상성假想性, *Virtuality*에서 기인합니다. 인공지능도 인류적 차원에서 보면 인간의 이러한 비합리적인 공감적 본성이 진화하는 한 단면입니다.

　인공지능이 자기만의 글자를 만들 수 있을까요? 한자처럼 정교화한 상형문자를 만들 수 있을까요? 이러한 인간이 문화를 공유하면서 만들어낸 '추상 플랫폼' 즉, 사고^{思考}는 인공지능 기술이 스스로 구현할 수 없습니다. 인공지능 기술로 구성한 지능형 로봇은 언어유희가 가능하지 않다는 것을 보면 알 수 있습니다. 인공지능은 말장난을 할 수 없습니다. 만약 가능하더라도 다시 인간을 흉내 내는 것에 지나지 않습니다. 자기만의 언어유희가 있을 수 없습니다. 모방을 넘는 추상성抽象性, Abstraction 이 없기 때문입니다.

　아이들의 놀이를 보면 인간 본성에 가까운 성질들을 발견할 수 있습니다. 인공지능 기술로 어른을 따라잡을 수는 있어도 아이를 따라잡을 수는 없습니다. 모든 인공지능 기술의 최종 목표는 사실 어린 인간이 만든 이야기와 이야기 구조입니다. 인공지능이 스스로만의 이야기를 만들 수 있을까요? 이야기가 새로울 뿐, 구조는 인간의 이야기를 모방하는 데에 그칩니다. 이야기, 영화, 게임은 가장 쉽게 인간의 가상성과 추상성을 엿볼 수 있는 창입니다. 비맥락적인 서사는 인간 고유의 추상성이 만드는 또 다른 인간적 맥락입니다. 게다가 신뢰도와 탄탄한 맥락을 갖춘 이야기는 인공지능이 따라오려야 따라올 수 없습니다.

직관성直觀性, *Intuitiveness*에 관해 조금 말해볼까요? 무언가를 접했을 때 그것이 뜻하는 바가 바로 연상이 되면 우리는 이를 직관적이라고 합니다. 복잡한 사유나 학습 과정 없이도 대상이나 상황을 즉각적이고 명확하게 파악하는 능력입니다. '보면 바로 알 수 있는' 성질입니다. 많은 정보를 기억하지 않아도 대상을 자연스럽게 이해하고 사용할 수 있게 합니다.

곡괭이를 만든 사람을 따라서 누구나 곡괭이를 만들 수 있던 때가 있었습니다. 이렇게 직관이 곧 기술로 이어지던 시절에는 가상성과 직관성이 크게 괴리되지 않았고, 이 두 가지 성질이 곧 세상의 원리였습니다. 이때는 인간을 둘러싼 모든 것들, 심지어 빗소리마저도 인간에게 인공성이라는 영감을 직관적으로 일으켰습니다. 세상 속에서 세상을 바라보면서 세상을 따라 하다 보니 '무엇을?', '어떻게?' 따라 할지에 대한 직관성이 생겨남과 동시에 '왜?'라는 호기심이 직관성을 높였습니다. 직관적 원리가 곧 기술인 시절이었습니다. 인간은 해야 할 바를 직관적으로 떠올리고, 여기에 가상성을 부여했습니다. 얼음을 녹지 않게 둘 곳을 찾다가 직관적으로 가상의 겨울'처럼' 서늘한 장소를 찾아 얼음을 '보관'하던 곳이 서빙고西氷庫, 동빙고東氷庫였습니다. 여기서 인간 진화에 중요한 요소를 확인할 수 있습니다. 직관성은 인간지능을 업데이트하고, 인공지능을 형성하게 한 인류 진화 역사의 한 맥입니다. 이를 짚어볼 필요가 있습니다. 사람들의 삶의 방식과 사회의 작동 원리가 "원리=기술'이냐? 아니냐?'의 문제가 인간의 사고를 건드렸고, 인류의 문명과 진화를 일으켰습니다.

농업과 가내수공업만이 삶의 방식이었던 시절까지는 그래도 인간의 직관성이 세상의 원리와 기술을 예측하고 모방할 수 있었습니다. 그러나 농업과 가내수공업의 시절에서 기계가 지배하는 세상으로 변하자 사람들은 서빙고에 얼음을 보관할 수는 있었으나 냉장고를 직접 만들 수는 없었습니다. 자동차를 만든 사람을 따라서 누구나 자동차를 만들 수는 없었습니다. 라디오, 텔레비전 등등. 기술은커녕 작동 원리를 알 수도 없는 물건의 시기가 도래했습니다. 모두의 직관성 시대에서 누구나의 직관성을 벗어나는 시기를 마주하게 된 것입니다.

이 시기는 데이터가 전문화되고 전기가 나타났을 때부터입니다. 데이터가 전문화되었다는 것은 데이터의 수준이 자기의 직관성 범위를 넘어서는 시기가 되었다는 뜻입니다. 여기서 빅데이터가 역사성을 갖는다는 사실을 알 수 있습니다. 자기의 뇌 수준을 초월하려면 (혹은 뇌 역량의 확장이 실현되려면) 빅데이터를 다룰 기술이 필요했음을 느끼기 시작했습니다. 그래서 이를 정리할 데이터베이스 즉, 기록에 대한 필요성을 감지했습니다.

데이터베이스가 독점되던 시절 기록(능력)이 돈과 권력이 되었습니다. 이를 세상에 확 펼쳐놓은 기술이 인쇄술이었습니다. 세상 모두를 위한 정보에 대한 접근을 가능하게 한 기술입니다. 이럴 때 흔히 민주화라는 말을 씁니다. 바로 지금의 인공지능 기술이 저 때의 인쇄술이었습니다. 그러므로 지금은 '계몽주의 시즌 2'가 시작된 때입니다. 모두가 구텐베르크가 되고, 누구나 《직지심체요절直指心體要節》을 찍어낼 수 있습니다. 데이터베이스를 만들기 위해 전문가에게 기대지 않아도 됩니다.

인쇄술이 나타났을 때만 해도 개인이 원리를 안다고 해도 이 원리를 구현할 기술력이 없던 시절이었지만, 지금은 원리를 알면 이를 구현할 기술력도 가질 수 있는 때입니다. 모두가 다 컴퓨터 덕분입니다. 컴퓨터가 기본인 시대이므로 '원리가 곧 기술'인 시절이 다시 인간에게 찾아왔습니다. 기록(능력)의 독점 시대가 분산되어 모두에게 나뉘어졌습니다. 단순히 기록의 문제가 아닙니다. 지금은 인공지능 기술 때문에 분산주의와 이탈주의라는 이데올로기가 가속화합니다. 그 어느 때보다 더욱 강력한 개인이 나타날 수 있다는 말입니다.

우리가 인공지능보다 우월해지려면 어떻게 해야 할까요? 간단합니다. 인공지능보다 똑똑해지면 됩니다. 혹은 '똘똘'해지면 됩니다. 쉬운 방법이 있습니다. 모든 것을 궁금해하면 됩니다. 그리고 궁금함을 무언가로 만들 수 있는 '원리를 기술로 전환'할 수 있으면 됩니다. 내가 가진 직관성을 조금 더 업그레이드하면 됩니다. 현실적으로 자기의 추상성, 가상성, 직관성이 횡단할 수 있도록 도메인 지식을 '세 개' 이상 쌓으면 됩니다. 여기서 인간성을 지킬 수 있는 배움의 필요성이 나타납니다. 인간이 더 이상 배움을 멈추려 하지 않아야 합니다. 지능감각인공성 로봇에게 그 간의 척척박사의 역할을 맡기고 인간이 척척박사 되기를 멈춘다면, 즉 도메인 지식을 왜 찾아야 하는지에 대해 회의적으로 바뀌는 순간 인간은 멸종합니다. 그러므로 우리가 경계해야 하는 것은 지능감각인공성 로봇의 다재다능성이 아니라 이에 따라 나태해지는 인간입니다.

수학자가 갖는 직관성과 비非 수학자가 갖는 직관성이 다릅니다. 물리학자가 세상을 보는 방식과 문학자가 보는 방식이 다릅니다. 사람은 누구나 자기의 시선으로 세상을 바라보게 됩니다. 태어나서 본 세상과 텍스트는 각자의 직관성 출발선이 됩니다. 지금 태어난 아이들이 보는 세상은 500년 전 아이들이 본 세상과 다릅니다. 조선의 율곡 이이가 봤던 하늘과 이탈리아의 레오나르도 다 빈치가 봤던 하늘과 미국의 토머스 에디슨이 봤던 하늘과 21세기에 스티브 잡스가 봤던 하늘은 모두 다른 곳에 있던 같은 하늘이었습니다.

왜 인문학을 공부해야 하는지 그 이유가 여기에 있습니다. 세상은 생각하는 대로 보이고 아는 만큼 보이게 마련입니다. 그리고 같은 것을 달리 보는 방법을 터득하는 데에 인문학만한 것이 없습니다. 자기가 본 적 없는 것을 읽을 수 있게 해줍니다. 인문학을 접할 때 마다마다가 새로운 사고의 출발선이 됩니다. 그리고 이것이 시고 전환의 힘을 만들어 냅니다. 수천 년 전 세상을 보는 '원리가 기술로 전환'되는 시대(석기)에서 그렇지 않은 시대(제조업 중심 시기)를 거쳐 지금 다시 '원리가 기술로 전환'되는 시대(인공지능 시대)가 되었습니다.

최초의 인간은 돌을 만졌고 던졌고, 옆에 있던 그의 친구는 이 돌을 발로 찼고, 이를 보던 또 다른 친구는 나뭇가지로 돌을 쳤을 겁니다. 이런 건 누가 시켜서 그런 게 아닙니다. '한번 해보면 어떨까?' 하는 마음에 그렇게 했습니다. 맨발로 돌을 밟으면 아팠기 때문에 이런 생각으로 날카로운 걸로 동물을 찌르면 아프리라 생각했습니다. 무겁지 않고 더 날카로운 것을 어떻게 구할지 궁리하다가 당시의 직관성을 넘어서는 일을 했는데, 그게 바로 청동기, 철기의 사용이었습니다.

청동기와 철기를 제조하는 건 누구나 할 수 있는 게 아니었습니다. 광물의 원리를 알았어야만 가능했기 때문입니다. 게다가 기술도 있어야 했습니다. 이 전환을 실천에 옮기기에 성공한 이들의 생각, 태도가 지금의 로봇 기술자들이 갖고 있는 생각과 태도가 일치합니다. 이렇게 축적된 인간의 생각과 태도는 여러 크고 작은 전환을 일으켰고 몇 번의 '혁명적' 전환을 일으켜 세상을 저들의 생각대로 움직이기 시작했습니다. 앨빈 토플러*Alvin Toffler*가 말한 농업혁명, 산업혁명, 정보혁명이 바로 이런 혁명적 전환의 결과입니다.

인간 역사의 전환점은 가상성, 추상성, 직관성 등의 내적 변화에서 오기도 하고 전쟁, 천재지변 등의 외적 변환에서도 옵니다. 모두가 당시의 인간성을 뛰어넘게 한 생각과 태도에 있어 점프의 순간입니다. 인간이 어떤 전환점을 통과해서 지금에 이르렀는지를 한번 살펴볼 필요가 있습니다. 인간은 생물학적 진화에서 시작해 기술과 사회 구조의 전환을 거쳐 지금까지 이르렀습니다.

인간은 약 700만 년 전 직립 보행을 시작했습니다. 오스트랄로 피테쿠스*Australopithecus* 같은 초기 인류가 나무 위 생활에서 땅 위 생활로 삶의 터전을 전환했습니다. 그리고 직립 보행을 시작했습니다. 호모 하빌리스*Homo habilis*(손재주 있는 사람)/호모 에렉투스*Homo erectus*(곧 선 사람) 시기에는 도구를 제작하고 불을 사용하여 식량을 익혀 먹기 시작했습니다. 이때부터 인간의 뇌 용량이 커지고 사냥 기술이 발전했습니다. 호모 하빌리스는 오스트랄로피테쿠스보다 큰 뇌를 가졌으며, 올도완 기술*Oldowan Technology*[5]로 알려진 초기 형태의 뗀석기를 제작하여 사용한 최초의 인류입니다.

그리고 약 30만 년 전에 지금의 인류인 호모 사피엔스*Homo sapiens*가 등장했습니다. 호모 사피엔스는 언어, 상징, 고도화된 도구를 사용하여 전 세계로 퍼져나갔습니다. 이때부터 본격적인 전환의 순환 역사가 계속되었습니다. 약 7만 년 전 언어와 상징을 통해 가상성을 신뢰하고 대규모로 협력하는 능력을 갖추게 되었습니다.

---

[5] 몸돌에서 칼 역할을 할 수 있는 제대로 된 박편을 떼어내는 기술. 탄자니아 올두바이 협곡에서 처음 발견되어 올도완이라는 이름이 붙었습니다.

약 1만~1만 5천 년 전에는 수렵채집에서 정착 농경으로 전환하는 데에 성공하여 식량 생산이 늘어났고 인구가 대폭 증가했습니다.

인류가 정착하면서 문자, 종교, 계급, 법이 생겨났습니다. 이때가 문명 탄생기입니다. 15~16세기에 인쇄술이 발명되고 지식이 확산했습니다. 과학 혁명이 일어났고 합리성에 입각한 사고가 확산했습니다. 18~19세기에는 도구가 기계로 바뀌면서 기계를 기반으로 한 공장 체계로 전환했습니다. 농업 중심 사회가 산업사회로 바뀌었고, 도시화가 진행되었습니다.

20세기부터 지금까지의 삶은 디지털 전환기로 부를 수 있습니다. 컴퓨터와 인터넷의 등장으로 정보화 시대가 열렸고, 전 세계 연결의 시대가 열렸습니다. 여기서는 상당히 단순화해서 정리했지만, 이 전환의 역사를 만들기 위해 얼마나 많은 '왜?'가 필요했을까요? 우리가 알고 있는 크고 작은 역사적 사건이 모두 '왜?'로 수렴되는 인류의 지금을 만든 전환점이었습니다.

지구상에 최초의 인간이 있을 때부터 지금에 이르는 그 오랜 시간 인간은 이전의 데이터를 익히고 받아들이고 직관성의 임계점을 더 높여 세상을 바꾸려고 했습니다. 왜 바꾸려고 했을까요? 결국 살기 편하게 하려고 바꾼 것입니다. 정말 셀 수도 없을 정도로 많은 기계가 발명되었는데, 원시시대로 갈수록 인간이 만든 기계의 원리와 구현 기술은 그 거리가 좁아 듭니다. 즉, 더 직관적이게 됩니다. '찌르면 아프다'의 원리는 돌창, 죽창을 만들었고, '던지면 멀리 간다'의 원리는 투석기로 이어졌습니다. 직접 제작하는 게 어렵다고는 해도 일단 보면 어떤 기술이 적용되었는지 이해되는 것들이었습니다.

이러한 도구, 기계의 발달 덕분에 인간은 진화했습니다. 이보다 더 깊은 진화는 원리와 기술의 차원이 보이지 않는 것에서 생기기 시작했습니다. 화약을 만드는 건 누구나 할 수 있는 게 아니었습니다. 사람을 치료하는 약을 만드는 것도 아무나 할 수 있는 게 아니었습니다. 이는 강력한 직관성이 요구되는 일이었습니다. 한 사람만의 직관성으로는 어려웠습니다. 한 사람의 직관성을 넘어서는 집단적 직관성은 어디서 왔을까요? 이는 바로 배움에서 왔습니다.

인류 초기의 배움은 지금과는 완전히 다른 모습을 가졌습니다. 부모님이 자식의 선생님인 시절이 있었습니다. 부모에게서 직관성을 후천적으로 물려받을 수 있었습니다. 그러니 한 집안 선대의 데이터가 후대로 고스란히 흘러갔습니다. 가풍家風이라는 게 있습니다. 그리고 더 직접적으로는 가학家學이라는 게 있었습니다. 학교가 없었을 때 집안 대대로 물려주는 학문의 전수 방법입니다. 조선의 서호수徐浩修 가문이 대표적입니다.

아버지 서명응徐命膺, 아들 서유구徐有榘 등 3대에 걸쳐 천문학, 농학, 실학 등의 서적을 편찬하고 기술을 계승한 대표적인 사대부 과학기술자 집안입니다. 허준許浚은 의관 가문에서 전문적인 의학 지식을 이어받아 궁중 의학을 발전시켰습니다. 남병철南秉哲, 남병길南秉吉 형제도 조선 후기 천문학을 전공한 기술자 집안에서 대대로 천문 관측 기구를 연구했습니다. 외국어에 능통했던 개화기 천녕 현씨川寧 玄氏 집안도 가학의 대표적인 예입니다. 백과전서를 만든 이들이나 각별한 기록의 집대성으로 유명해진 사람들 모두가 이런 가학의 분위기에서 공부했습니다.

지금처럼 시간을 내서 지식을 배우러 갔다가 귀가하는 형태의 학교 위주의 학습 문화가 아니라 선생님인 부모와 하루 종일 같이 지내는 집이 곧 학교인 학습 분위기였습니다. 자연스럽게 부모의 데이터가 자식의 몸과 마음에 스며들었습니다. 자식이 "왜?"라고 물으면 부모가 알고 있는 것을 모두 가르쳐주었습니다. 원시시대부터 근대 이전까지 인간의 교육 방식은 크게 바뀌지 않았습니다. 부모와 자식 간 물음과 대답이 훨씬 정교하고 복잡해졌다는 사실밖에 바뀐 게 없었습니다. 부모님이 검색 엔진이었던 시절입니다. 세대를 거치면서 자식은 또 누군가의 부모가 되고 질문과 대답의 수준이 높아졌습니다.

인공지능 시대에 역설적으로 교육은 인공지능 시대 이전의 형태인 가학과도 같은 양상이어야 합니다. 이런 가문에서 세상을 이롭게 하기도 하고, 또 해롭게 하기도 하는 세상의 원리를 발견하게 된 것입니다. 그리고 이들 가문은 여기에 기술도 접목했습니다. 부모가 '원리=기술'이라는 직관성을 가장 가까이에서 자기 자식에게 여지없이 가르쳤습니다.

다이너마이트의 아버지이자 발명가인 알프레드 노벨*Alfred Nobel*의 아버지인 임마누엘 누벨*Immanuel Nobel*과 알프레드 노벨의 관계가 좋은 사례입니다. 아버지는 산업가이자 엔지니어, 발명가였습니다. 임마누엘 노벨은 아들 알프레드에게 화학과 폭발물 분야의 지식과 경험을 쌓도록 격려하고 유학을 보내는 등 큰 영향을 주었습니다. 전화기를 만든 알렉산더 그레이엄 벨*Alexander Graham Bell*은 청각 장애인 교육자였던 아버지를 이어 소리를 연구했습니다. 교사와 학생의 관계가 이러해야 합니다. 그래야만 '원리=기술'이라는 직관성을 가르칠 수 있습니다. 신神이 갖고 있는 직관성이 100%라면 인간은 이를 따라잡으려고 배움, 학습이라는 방법으로 직관성을 진화시킨 것입니다. 아기가 태어나 부모를 따라 하고 주위의 사람들을 따라서 무언가 하는 것을 재밌어하고 점점 부모 시대의 직관성을 추월하듯이 인류라는 집단이 이전 세대의 직관성을 넘으려면 가장 가까이에서 살을 맞대고 가르치는 분위기가 만들어져야 합니다.

'원리=기술'이라는 직관성의 업그레이드가 곧 인간의 역사를 이루는 플랫폼의 발전으로 이어졌습니다.

플랫폼 전환의 역사

쓰기 바닥으로서 플랫폼:

땅 → 돌 → 나무 → 종이 → 컴퓨터(스크린) → 허공

쓰기 도구로서 플랫폼:

손가락 → 붓 → 연필 → 펜 → 컴퓨터(본체) → 허공

위에서 종이와 연필까지는 아날로그 '원리=기술'의 직관성 단계입니다. 가상성과 추상성이 직관적으로 나타나는 단계입니다. 누구나 플랫폼을 만들어 쓸 수 있는 단계입니다. 그러나 그다음부터는 디지털 '원리=기술'의 직관성 단계입니다. 직관적으로 원리를 모

르거나 기술로부터 완전히 멀어지게 됩니다. 그러나 재밌게도 디지털 '원리=기술'의 직관성 단계에서 인간은 컴퓨터를 만들 필요를 느끼지 않습니다. 세상이 곧 컴퓨터가 되어 버렸기 때문입니다. 컴퓨터를 만든다는 것은 세상을 만든다는 말과 같습니다.

중요한 것은 배경과 도구의 플랫폼이 모두 허공으로 귀결된다는 점입니다. 허공은 인간 삶의 블랙홀입니다. 르네상스의 원근법도 허공의 3차원부터 표현하기 시작했습니다. 이후 허공은 플랫폼의 통로로 인식되기 시작했고, 우주의 형태(11차원)로까지 발전했습니다. 허공은 추상적 플랫폼의 근원이자 형태적 플랫폼의 원천이었습니다. 현대 물리학에서 허공은 아무것도 없는 상태가 아니라, 0이 아닌 에너지를 가진 '진공*Vacuum*' 상태입니다.

그러므로 다음의 그림에서 아이에게 바람개비를 만들어 준 사람의 전환적 생각을 읽어볼 필요가 있습니다. 아무것도 보이지 않는 곳에 무엇이 있을 것으로 생각해서 무언가 새로운 것을 만드는 사람의 생각을 배워야 합니다.

이 허공 내에서 미세한 1차원 끈들이 진동하며 입자를 생성합니다. 우리가 느끼는 4차원 시공간 이외의 숨겨진 7차원 공간은 칼라비-야우*Calabi-Yau* 공간과 같은 복잡한 기하학적 구조를 가집니다. 이

고차원적 진공의 기하학적 형태가 끈의 진동 방식, 즉 우리가 우주에서 보는 입자와 힘의 종류를 결정합니다.

11차원은 만물이 존재하는 더 큰 공간적 배경입니다. 우리가 허공이라고 부르는 곳은 사실 11차원 중 4차원만을 인지하는 상태이며, 나머지 7차원의 구조가 텅 빈 것처럼 보이는 그곳에서 입자를 만들어내고 있습니다. 11차원 안에서 3차원적 세상이 2차원 정보로 투영되는 것과 같은 '홀로그래픽 원리'가 적용되기도 합니다. 이 관점에서 보면 11차원의 허공(고차원)에 모든 정보가 담겨 있고, 그

그림 2. 윤덕희의 공기놀이(출처: 한국데이터베이스산업진흥원)

결과물이 우주일 수 있습니다. 확장 현실XR. Extended Reality 이 바로 이 허공을 이용한 가상세계입니다. 그리고 이곳의 성질을 찾기 위해서 인공지능 모델이 이용될 수 있습니다.

4장

인공지능을 만든 생각: 인공성, 이데올로기

인공성이라는 것은 자연을 보고 따라 하려는 인간의 욕구가 만들어낸 법칙이지 신이 아닙니다. 많이 안다고 해서 신이 될 수 있는 것도 아닙니다. 인간이 세상의 것들을 보고 따라 하려고 했던 것처럼 인공지능 역시 인간이 따라 했던 것을 하나의 성질로 만든 것입니다. 인공성을 지능의 영역까지 확대한 것입니다. 인간이 인간 편해지자고 자연을 따라 했듯이 자연을 직접 따라 해도 되지 않게 인간 대신 인간의 역할을 할 성질의 것을 만든 것입니다.

지능이 인간의 독특한 성질이라고 할 때 지능이 알아서 작동한다면 지능성은 인공성일까요? 생물성일까요? 이게 지금 시대에 우리가 마주한 질문입니다. 이 질문은 오래전부터 뭇 철학자들을 괴롭혔습니다.

철학의 제 명제는 '인간은 무엇인가?', '세상은 무엇인가?'입니다. 여기에는 '지능은 어떠한 것인가?'도 포함되어 있습니다. 기본적으로 인간은 호기심의 동물입니다. 항상 '왜'를 따지기를 좋아합니다. 그중에서도 신을 알려고 했던 사람들이 있었습니다. 과학자도 있었고 특히 의사들이 있었습니다. 그리고 이들은 인간지능의 구성, 지능의 생물학, 생명에 대해서 알고자 했던 사람들이었습니다. 이 척척박사들은 왜 지능의 기원을 알려고 했을까요?

그 옛날 공부 많이 했던 사람들을 찾아보겠습니다. 얼마나 많은 책(빅데이터)을 섭렵했는지 공부하다가 눈이 먼 학자도 있습니다. 영국 시인 존 밀턴*John Milton*(1608~1674)의 이야기입니다. 44세 때 시력을 잃었습니다. 선대가 쌓아놓은 데이터를 섭렵해서 무언가를 알아내기 위해 자발적으로 일어난 사람들입니다. 무언가를 이루려고 공부를 했던 것인데, 이를 달리 말하면 후대에 말하고자 하는 바를 남기기 위해 데이터를 처리하고 생산했던 것입니다. 다시 말해서 아날로그 데이터 연산인人이었던 것입니다. 데이터란 디지털과 연관되는 무언가이기 이전에 아날로그와도 연결되는 무언가입니다.

　그리고 이들은 또 달리 말해 데이터를 분석하고 재해석하고 데이터의 틀마저 재구성하기도 하고 해서 역사에 남은 사람들이라고 할 수 있습니다. 다양한 분야에서 선대 학자들이 책에 남긴 것(데이터)을 어떤 학자는 10%만을 보고 세상을 떠났을 테고, 또 어떤 학자는 90%까지 보고 갔을지도 모릅니다. 데이터에 빠진 이들은 누구의 강요에 의해서가 아니라 자기만의 세계를 추구하면서 데이터를 자기 방식으로 연산했습니다. 그러다가 '아하! 순간'을 맞이하는 경이로움을 경험하고 이를 또 옆에 있는 누군가에게 전하고 역사에 남겼습니다. 이러한 데이터 처리는 호모 사피엔스의 본능에 가까운 성질입니다. 데이터를 보면 가만 두지 못하는 이들이 있습니다.

　그렇게 해서 축적된 데이터는 지금까지도 이어져 인류의 진화에 밑거름이 되고 있습니다. 우리가 지금 만나는 데이터 중에는 신라 시대 최치원이 남긴 데이터가 변형된 것도 있을 것이고, 그리스의 플라톤이 남긴 데이터도 있을 겁니다. 르네상스를 거쳐 복합적으로 파생한 데이터도 있을 테고요. 그때 그들이 했던 데이터 처리 방식도 누군가에게 전해졌을 테고, 또 그 후대에게 전해져서 우리에게 전해져 인공지능을 개발하는 데까지 이어졌습니다.

　르네상스 시대, 그러니까 인간의 지능이 폭발적으로 다채롭게 증가한 시기에 신이 사라진 세상에서 청년들은 어떻게 삶의 방향을 세웠을까요? 신이라는 무게중심이 무너진 세상에서 그들의 중심이 되는 것은 무엇이었을까요?

르네상스 시대에는 신이 창조한 인간의 위대함과 인간이 살고 있는 자연 세계를 재발견하고 이성과 인문학적 소양에 의존하여 인간의 가치를 극대화하려 했습니다. 이때의 철학은 지식의 정당성을 '신'이나 '타고난 이성'이 아닌 인간의 '경험'에서 찾으려 했던 전환의 과정이자 결과였습니다. 영국의 경험론자들을 중심으로 발전하여 근대 과학적 사고방식의 기초가 되었습니다.

르네상스 인간지능 시기와 21세기 인공지능 시기는 공통적인 게 하나 있습니다. 르네상스가 인류의 전성기였던 이유는 사회 전반에 '왜?'가 퍼져 있었기 때문입니다. 인공지능이 개발되었을 때의 질문도 역시 '왜?'였습니다. 신이 사라진 '위기의 시기'에 인간은 미지의 영역을 개척했습니다. 인간이 알지 못하는 영역은 지리적으로 멀리 떨어진 곳이기도 했고, 자기 몸 속이기도 했습니다. 자기 정신이기도 했습니다. 이때 이 영역을 탐구할 정교한 기계와 이론이 무수히 등장했습니다.

인간은 위기를 맞이했을 때 도구(기계)를 만들었고, 이 때문에 또

위기를 맞이했습니다. 지금 시기에 인공지능이 등장했다는 것은 지금이 우리에게는 인공지능이 필요한 만큼 위기의 시기라는 말이기도 합니다. 지금 인공지능이 필요한 만큼 없어진/사라진 신에 해당하는 것은 무엇일까요? 역사상 디지털 테크놀로지가 이렇게 우리 곁에 와닿은 적은 없었습니다. 이를 통해 우리는 위기를 넘길 수 있습니다. 그런데 무엇이 위기일까요?

그렇다고 테크놀로지에만 의존해서 위기를 넘기려 해서는 안 됩니다. 왜냐하면 역사상 인간이 위기를 넘기기 위해 사용했던 테크놀로지는 또 다른 위기를 불러왔기 때문입니다. 하이데거는 현대인이 존재 망각의 상태에 놓여있다고 했습니다. 사물을 도구로만 볼 뿐 본질을 묻지 않는다는 말입니다. 테크놀로지가 우리의 삶에서 자연스러워진 풍경에서 '어떤 일'을 하면서 살지, '어떻게' 살지 고민해야 합니다. 인공지능이 파생한 산업에서 살아남을 생각을 하기보다는 산업을 만든 인공지능의 성격을 먼저 알아야 합니다.

지금까지의 산업사회 기준으로만 보면 인공지능 산업을 경제적인 시각으로밖에 볼 수 없습니다. 이데올로기로 볼 수가 없게 됩니다. 그러다 보면 '인공지능=돈'으로 생각하는 거대 테크놀로지 기업의 독과점과 권력을 제대로 볼 수 없습니다. 공장과 기계를 반대했던 러다이트 운동*Luddite Movement*도 테크놀로지 자체에 불만이 있던 것이 아닙니다. 부의 불균형과 이를 촉발한 너무도 기울어진 생각에 저항하고 분노한 것이었습니다.

인공지능 기술이 목표로 하는 것은 궁극적으로 윤택한 삶이며 이는 모든 세대가 디지털 인공지능 기술의 이점을 평등하게 누릴 수 있는 '포용적' 케어 시스템의 기본이 되어야 함을 의미합니다. 인공지능에 의해 돌봄의 사각지대가 사라지고, 인간성과 인공성이 균형 맞춘 디지털 생태계를 마련해야 하는 때가 되었습니다. 이럴 때일수록 인공지능 기술을 악의적으로 사용하는 것에 대한 경계를 놓치면 안 됩니다.

'무엇'과 '어떻게?'라는 질문은 인공지능도 할 수 있으나 '왜?'는 하지 못합니다. 우리는 계속 "왜?"라고 질문해야 합니다. 이런 이성의 쓰임새가 인공지능과 무슨 상관있냐고요? 인공지능이 이런 생각을 할 수 있다면 이미 인공이란 말을 쓰지 않겠지요. 대상에 대한 궁금함뿐만 아니라 대상의 본질적 속성이 일으키는 결과마저 궁금해하는 것이 인간지능의 핵심입니다.

인공지능의 본질이 인간 뇌의 본질과 같아지려면 인공지능성은 이러한 인간성을 가져야 합니다. 결국 인공지능성은 인간성의 부차적인 성격으로 머무를 수밖에 없습니다. 우리는 인공지능 기계가 되어 본 적이 없습니다. 그러니 계속 인간 중심적일 수밖에요. 인공지능은 그러므로 인간성과 인공성 사이에서 '왜?'를 계속 묻는 철학에서 나온 결과입니다.

"조선에도 인공지능이 있었을까?"라는 질문에 장영실을 떠올리는 게 지금의 사람들입니다. 조금 더 공부했다면 최천약, 이천 등을 떠올렸을 수도 있습니다. 그러나 모두 틀렸습니다. 이게 현대의 한국인들이 생각하는 인공지능에 대한 그림입니다. 인공지능 하면 기술을 먼저 떠올립니다. 그러나 인공지능은 기술만이 아닙니다. 인공지능은 철학입니다. 그리고 이데올로기입니다.

"조선에도 인공지능이 있었을까?"라고 물었을 때 율곡, 퇴계, 남당 세 명의 철학자 간의 호락논쟁湖洛論爭을 떠올려야 합니다. 인성人性과 물성物性이 같은지 다른지를 따져 물었던 인물성동이론人物性同異論(인人―물物을 하나로 보는 동론同論과 달리 보는 이론異論)은 조선 최대의 철학 토론이었습니다. 인물성동이론은 인간과 인간 외의 것을 개념화하고 이들 간의 관계를 사회현상으로 바라보았습니다.

성리학의 중요 전제인 성즉천性卽天 천즉리天卽理는 '본성은 하늘로부터 왔고, 하늘은 곧 법칙이다.'라는 것입니다. 본연지성만 보면 人과 物은 동일하다[同, 동]고 주장한 측이 있고 그렇지 않다[異, 이]고 한 측이 있었습니다. 그런데 문제는 人과 物의 본성이 다르다고 주장하면 성리학의 기본 명제가 흔들리게 됩니다. 동론은 본성보다는 기질의 차이를 강조하고, 인물의 본성은 같아도 기질적 차이가 있으므로 구별된다고 주장했습니다.

이에 반해 이론은 동론과 달리 본연지성에서도 人과 物은 다르다는 주장입니다. 지금 우리가 인간성과 인공성을 따져 묻는 것과 같은 맥락에서의 문제가 그때도 있었던 것입니다. 이러한 생각은 사회 변화를 이끌었습니다. 조선말 개화파가 주장한 문벌철폐, 신분 질서 폐지는 인물성동이론의 결과입니다. 호락논쟁이 시민 운동을 이끄는 동력으로도 평가되는 것도 이 때문입니다. 호락논쟁이 있고 나서 실학적 사고가 사회 여기저기에 본격적으로 나타났다는 것은 인공성 철학이 나타난 상태에서 사회의 전환이 나타남을 여실히 보여준다고 하겠습니다. 따라서 인공성에 관한 생각은 이탈과 분산성이 핵심이 되는 사회 철학을 매개합니다.

지금을 제5의 전환점 *The Fifth Turning*이라고도 합니다. 윌리엄 스트라우스 *William Strauss* 와 닐 하우 *Neil Howe*의 세대 이론 *Generational theory*에서 말하는 제5의 전환점은 주기를 반복하는 역사적 패턴에서 네 번째 전환기^{Crisis}(위기) 이후에 찾아오는 새로운 주기의 첫 번째 단계 *The First Turning, High*를 의미합니다. 이 이론은 역사가 약 80~100년의 주기 내에서 4개의 전환기^{Turning}가 반복된다고 보며 각 전환기는 약 20~25년 지속됩니다.

High(고조기): 제도의 강화, 개인주의 축소

Awakening(각성기): 가치관과 문화의 혁명

Unraveling(해체기): 제도 불신, 개인주의 확산

Crisis(위기): 사회 재건, 공동체 중심의 급격한 변화

닐 하우의 최근 전망에 따르면 2025년에서 2035년 사이에 제5의 전환점이 도래할 것으로 예상됩니다. 4단계인 Crisis(위기)가 종료된 후에 새로운 High(고조기)가 시작되는 시점을 제5의 전환점(다음 사이클의 첫 전환)으로 부르기도 합니다. 새로운 이데올로기가 등장해서 확립되고, 제도와 공동체 가치가 강화되는 안정기가 될 것으로 보입니다. 이 시기가 시작하면서 인공지능이 나타났다는 점이 중요합니다. 어떻게 보면 인공지능이 제5의 전환점을 열었다고 생각할 수도 있겠습니다. 인간성 독점의 세상에서 인공성과 공유의 세

상으로의 전환이라고 할까요? 이것이 인공지능을 이데올로기로 봐야 하는 이유입니다.

소니Sony는 미세 의료 로봇을 개발 중입니다. 옥수수 알갱이 껍질을 꿰맬 정도의 정밀도를 가진 마이크로 수술 보조 로봇 시제품을 공개했습니다. 이는 단순히 기술적 진보를 넘어 인구 구조 변화와 기술 숭배라는 현대적 이데올로기에서 바라볼 사례입니다. 소니 미세 의료 로봇이 갖춘 인공지능의 기능은 손 떨림 보정과 동작 스케일링을 통해 1㎜ 이하의 초미세 혈관·신경을 봉합할 수 있습니다. 그리고 인공지능이 필요한 수술 도구를 자동으로 교환하여 수술 효율성을 향상합니다.

고해상노 4K OLED 마이크로 디스플레이 화면과 증강현실AR 기술을 이용해 수술 상황을 정밀하게 보여줍니다. 이러한 고도의 인공지능 기술은 기술적 이데올로기를 갖습니다. 우선, 해결주의적 기술관Techno-solutionism입니다. 인간의 한계(의사의 손떨림, 피로도)를 기술로 완전히 극복할 수 있다는 믿음에서 기인합니다.

소니의 목표는 숙련된 전문의가 아니더라도 미세 수술을 수행할 수 있게 하는 것입니다. '기술이 인간의 능력을 보완하는 것이 아니라 대체/강화한다'는 이데올로기를 반영합니다. 줄어드는 인간 의

사를 로봇으로 채우려는 실용주의적 접근도 있습니다. 정밀 수술의 대중화로 더 많은 환자가 수준 높은 치료를 받을 수 있다는 기술 민주화 측면이 있습니다.

계몽주의가 나타나 민주주의가 등장했던 것처럼 인공지능은 이러한 이데올로기 전환의 도화선이 됩니다. 인공지능 활용은 지식혁명을 훨씬 넘어 지능혁명을 일으킵니다. 인간의 지능을 몇 제곱으로 높여 사회를 바꾸게 되는 힘을 갖습니다. 계몽주의 시대에 책과 인쇄술이 발달해 기존 체제를 붕괴시킨 것처럼 말입니다. 민주주의와 자유주의가 나타난 배경이 무엇인지 생각해 보면 인공지능이 어떤 이데올로기를 형성할지 금방 답이 나옵니다.

인공성은 개인의 행동에도 크게 영향을 미칩니다. 인공지능의 시대에는 정말 강력한 개인이 나타나게 됩니다. 전에는 영화를 보았고 음악을 들었습니다. 요새 인공지능 서비스 모델 덕분에 우리는 영화를 '하고', 음악을 '할' 수 있게 되었습니다. 이 '하다'주의가 분산성, 이탈주의, 탈육화脫肉化, disembodiment, 개인주의를 본격적으로 일으킵니다. 초개인주의와 초지능주의는 서로 같은 선상에서 이해될 수밖에 없습니다.

인간에게는 기계가 이해하기에 어려운 습성이 하나 있습니다.

인간은 게으르면서도 성취하려는 욕구를 갖고 있습니다. 씻기는 싫지만, 악취를 가리기 위해 향수를 만든 사례를 생각해 보세요. 목욕시켜 주는 인공지능 제품도 나왔습니다. 탈육화 혹은 외주 플랫폼으로서의 인공지능 모델/서비스를 둘러싼 이데올로기가 시장과 사회를 뒤덮을 겁니다.

5장

인공지능을 만든 생각: 숫자, 셈

인공지능은 기본적으로 데이터 재정렬에 그 생명력이 있습니다. 혹은 데이터 재배치입니다. 재구성이라고 할 수도 있습니다. 그런데 이것을 숫자로 운용한 것입니다. 인공지능은 함수의 집합입니다. 인공지능은 엄청난 양의 데이터를 통해 입력값과 결과값 사이의 규칙을 찾아내는 복잡한 합성 함수입니다. 데이터를 학습하여 최적의 가중치와 편향을 찾아냅니다. 결국 인공지능은 수학적 모델입니다. 입력에 따른 결과를 예측하거나 분류합니다. 인공지능 모델은 겹겹이 쌓인 함수(딥러닝, 함수가 많이 쌓여 깊어지므로)의 형태를 띱니다. 이미지를 분류할 때는 입력 요인을 1차 함수의 형태나 복잡한 비선형 함수로 변환하여 결과를 도출합니다.

과거 물물교환이라는 시스템을 가장 먼저 생각해 낸 원시인의 사고를 한번 봅시다. 물물교환을 통해서 대상의 값어치를 알고 이를 수치화하는 방법을 터득했던 그때 드디어 '객체=수치'로 전환되었습니다. 처음에는 숫자 대신 대상의 그림을 그려서 사과 5개면 사과를 다섯 개 그려서 표현했습니다. 여기서 한 걸음 더 나간 것이 사과를 하나 그리고 그 옆에 ||||| 이렇게 다섯 개의 막대를 그렸습니다. 직관적인 추상화를 시도한 것입니다. 객체가 개념으로 전환된 것입니다. 물건을 숫자로 전환한 그 첫 번째 인간의 사고력이 지금의 세계 경제를 일으킨 시작점이었습니다.

이처럼 고도의 직관성을 가지려면 생각을 숫자로 바뀌야 했습니다. 생각을 숫자로 바꿔서 소통하려면 얼마나 높은 직관성이 있어야 했겠습니까? 이는 다시 말해 인간이 고도의 직관성을 갖게 되면 인공지능을 구성하는 함수 이상의 결과를 가지고 올 수 있다는 말이기도 합니다. 인간이 인공지능을 만들어낸 직관성 그 이상을 가질 수도 있다는 것입니다.

모든 것을 수치화해야 할 때 인간은 셈의 원리를 알았고 이에 맞는 기술을 기계에 덧붙여 수학 연산기를 만들었습니다. 그러고는 결국 디지털 컴퓨터라는 기계를 만들었습니다. 따지고 보면 전환의 힘이 만든 인공성이 인류 문명의 시작을 알렸고, 그 결과 인간은 컴퓨터 시대로까지 진입하게 되었습니다. 요새 인공지능이 만드는 악기 소리도 대상을 수치화해서 컴퓨터로 만든 것입니다. 무전기, 라디오, 텔레비전의 원리도 알고 보면 소리를 전기신호로 바꾼 것입니다.

파발마, 연기로 소통하던 시대에 종지부를 찍은 이 기술은 전기, 전파를 제어하고 수치를 이용하는 직관성을 필요로 했습니다. 디지털 컴퓨터에 들어가는 소자인 반도체도 수학으로 설명할 수 있습니다. 반도체는 전기를 통해 정보를 처리하고 저장하는 데에 사용됩니다. 여기서 수학적 모델과 이론이 중요한 역할을 합니다. 예를 들어 소자의 물리적 특성을 모델링하거나 전기적 성질을 설명하는 데 방정식을 쓰기 때문입니다. 신호 처리나 회로 설계에서 수학 개념이 활용되고 전력 소비를 최적화하게 됩니다.

삶에 숫자와 셈이 필요하다고 느꼈던 그때 셈을 처음 떠올렸던 그 사람의 사고력을 지금 배워야 합니다. 사모스의 아리스타르코스*Aristarchos of Samos*(기원전 310~230)는 태양이 우주의 '중심 불*central fire*' 이라고 주장했으며 태양을 중심으로 행성을 배치했습니다. 최초의 지동설 주장이었습니다. 그는 달이 반달일 때 지구-달-태양이 이루는 각도가 직각이며 따라서 지구-달-태양이 직각삼각형을 이룬다고 생각했고, 피타고라스의 정리를 사용해서 세 천체 간 거리를 계산했습니다. 이때는 이처럼 숫자와 셈만으로도 세상을 재단했던 시절이었습니다.

지리에 관한 생각을 하면서 거리를 따지려 하다 보니 수학을 발전시켰고, 왜 저기에 저것이 있는지를 생각하게 되었습니다. 곡물과 가축을 통제해야 할 필요가 있었던 인간에게 숫자 개념이 발달한 것은 너무나도 당연했습니다. 물물교환을 위해 무게를 재려다 보니 또 숫자와 수학을 발전시켰습니다. 자연의 작동 원리를 숫자라는 상징으로 이해한 겁니다.

언뜻 보기에 이런 천체 간 거리 계산, 무게를 재는 셈이 인공지능과 무슨 상관이 있는지 의아해할 수도 있습니다. 그러나 숫자로 하는 셈의 체계가 어떻게 뇌에서 왜 튀어나왔는지 모르면 전환의 촉발점을 알 수 없습니다. 인류 역사의 '왜?'들을 뒤져봐야 인공지능의 성격을 분해해볼 수 있습니다.

에라토스테네스_{Eratosthenes}(기원전 276~195)는 지구 둘레를 정확히 계산해 냈습니다. 에라토스테네스는 '이집트 남쪽의 시에네_{Syene} 지

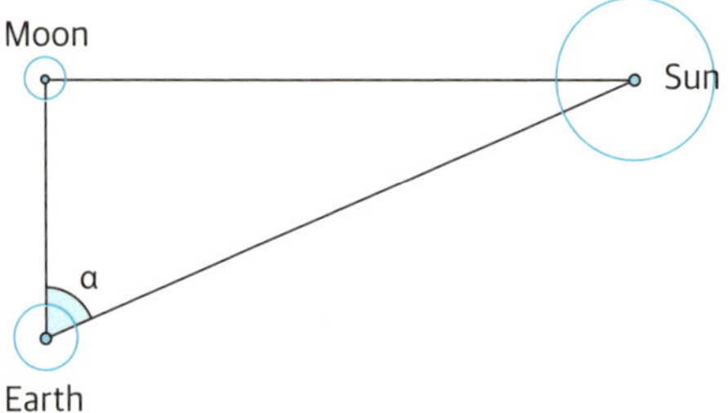

그림 3. 아리스타르코스의 천체 간 거리 계산 모델
(출처:https://plus.maths.org/sun-moon-and-trigonometry)

방에서는 하짓날인 6월 21일이 되면 수직으로 꽂은 막대기의 그림자가 없어지고 깊은 우물 속 물에 해가 비치어 보인다.'라는 문장을 읽고 지구 둘레를 측정할 실험에 대한 영감을 얻었습니다.

이렇게 선대에서 물려준 한 문장(데이터)이 어떤 사람을 만나느냐에 따라 세상을 바꾸는 역사로 바뀌게 됩니다. 이것이 인문학이 갖는 관계성의 힘입니다. 이런 생각의 전환과 생각의 실천 방법이 주위에 또 영향을 미칩니다. 이런 식으로 가상성과 추상성은 전파되고 전승되어 조금씩 더 정교해지게 됩니다. 에라토스테네스가 저 때 살아있는 인공지능 격이었던 것입니다.

'이집트 남쪽의 시에네 지방에서는 하짓날인 6월 21일이 되면 수직으로 꽂은 막대기의 그림자가 없어지고 깊은 우물 속 물에 해가 비치어 보인다.'라는 문장의 내용대로라면 시에네는 북위 23.5도인 북회귀선 상에 있는 것이었습니다. 에라토스테네스는 6월 21일에 막대기를 수직으로 세워보았지만, 알렉산드리아에서는 막대 그림자가 생겼습니다. 지구를 나타내는 원 하나를 컴퍼스로 그리고 나서 그림자 각도를 재어보니 7.2도였습니다. 시에네와 알렉산드리아 사이의 거리가 7.2도 원호라는 뜻입니다. 당시 알렉산드리아와 시에네 사이의 거리는 약 925㎞로 알려져 있었기 때문에 925×360/7.2로 계산하면 약 46,250이라는 수치가 나오는데, 실제 지구 둘레 4만㎞에서 약 15%의 오차였습니다. 당시에는 이런 박학자 *polymath*들이 지금의 인공지능의 역할을 했습니다.

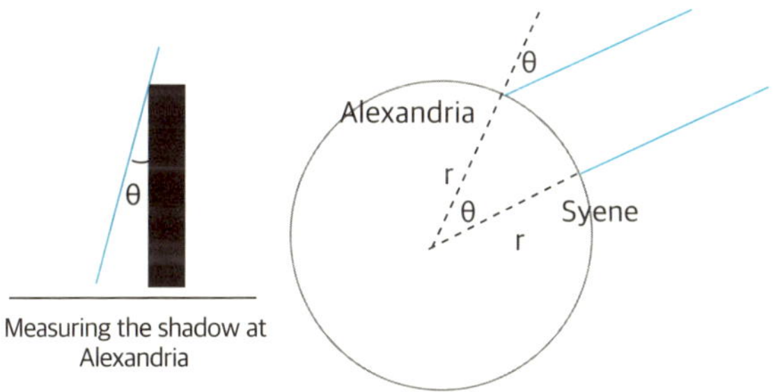

그림 4. 에라토스테네스의 지구 둘레 측정 모델

(출처: Clinch, A. (2020). Ancient Greek Methods of Measuring Astronomical Sizes. In: Sriraman, B. (eds) Handbook of the Mathematics of the Arts and Sciences. Springer, Cham. https://doi.org/10.1007/978-3-319-70658-0_66-1)

이러한 셈의 데이터가 모여서 오늘날 인공지능의 모태가 되었습니다. 기하학은 우주에서의 '나의 값'를 측정하는 데에 사용되었을지 모릅니다. 수학은 별, 은하, 중력 등 우주의 물리적 현상을 수식과 모델로 기술하고 이해하는 학문입니다. 갈릴레오가 말했듯 수학은 우주를 기술하는 언어입니다. 뉴턴 역학부터 현대의 초끈 이론(11차원 시공간)까지 우주의 비밀은 소수, 원주율, 허수 등 수학적 규칙을 통해 해석됩니다.

수학을 배워야 하는 이유가 이것입니다. 수학은 연산만이 다가 아닙니다. 숫자로 생각을 전환할 수 있어야 해서 배워야 합니다. 그러므로 수학의 기본 원리는 번역입니다. 우리는 숫자로 인공지능 모델을 설계할 수 있도록 가르치고 배워야 합니다. 수학 수업에서 대수학, 미적분, 조합론, 확률을 가르칠 때 문제 풀이의 예제가 인공지능 모델 설계여야 합니다. 학생들이 수학 너머에 인공지능이 있다고 생각하지 않도록 말입니다.

인공지능은 수천 년에 걸친 수학적 논리와 계산의 역사가 쌓여 만들어졌습니다. 수학은 그사이에 없는 문제를 만들어 해결했습니다. 수학의 역사는 끝나지 않았습니다. 인공지능도 마찬가지입니다. 지금부터는 수학 교육의 교육철학이 인공지능의 원리와 기술 적용이라는 '기술을 배우는 기술'로서의 방법을 구체적으로 받아들여야 합니다. 한국어를 영어로 전환할 때 필요한 '번역 머리'가 수학에서도 적용되어야 합니다.

PART III

PART III

6장

역사 속 인공지능과 로봇

역사에 나타나는 인공지능 로봇 이야기는 언제 시작했을까요? 인공지능 로봇 이야기의 주인공은 고대 그리스인입니다. 그리스 신화를 보면 미노스^{Minos}의 청동 거인 이야기가 나옵니다. 자연 현상을 합리적으로 이해하지 못했던 이들의 상상력은 여러 신을 만들어냈습니다. 이것이 인간의 본성입니다.

탈로스^{Talos}라는 이 청동 거인이 인류 최초의 인공지능 로봇 상^像입니다. 탈로스의 동력원은 인간의 피에 해당하는 이코르^{Ichor} 입니다. 그 옛날 사람들이 로봇에게 동력을 주는 인공성(전력원, 배터리)도 인간성인 피를 따랐습니다. 이처럼 인간은 인간의 것에 비유해서 인공성을 만들었습니다. 탈로스의 이야기에도 인공성을 가시화하는 인간성이 나타난 것입니다. 그리고 이 인공성은 다시 인간에게 또 다른 영감을 줍니다.

탈로스는 많은 예술가에게 영감을 주어 그림, 시詩, 도자기 등으로 만들어졌습니다. 탈로스는 섬을 지키는 병사가 되어 하루에 세 차례씩 섬을 순시하고, 침략하려는 적에게 큰 돌을 던져 몰살했습니다. 침략자를 죽일 때는 자신의 몸을 뻘겋게 달구어 껴안았습니다. 여기서 중요한 한 가지를 확인할 수 있습니다. 인간 대신 싸워주는 인공지능 기계에 관한 생각입니다. 사람처럼 생각하고 사람 대신 싸워주는 기계에 관한 생각은 아주 오래되었습니다. 이런 인간의 마음은 그동안 나온 게임이나 영화를 보면 알 수 있습니다.

마블 코믹스Marvel Comics에 나오는 캐릭터 욘두Yondu는 휘파람으로 화살을 제어하면서 적을 쉽게 제압합니다. 이런 것을 보면 인간에게는 인격화, 원격화, 자동화에 대한 염원이 있다는 것을 알 수 있습니다. 이런 인간성이 인공성에 주입되어 인공지능 로봇이라는 결과로 탄생했습니다.

유대 전설에 등장하는 골렘Golem은 진흙으로 만들어진 인간의 명령에 따라 움직이는 인형입니다. 피그말리온과 갈라테아Pygmalion et

Galatée 이야기에도 인공지능형 존재의 양상이 나타납니다. 조각가가 사랑에 빠진 조각상이 살아 움직이는 이야기에서 지능형 피조물에 대한 인간의 오래된 생각을 읽을 수 있습니다. 신라 시대에 만불산萬佛山이라는 것이 있었습니다. 《삼국유사》 3권 탑상편塔像篇에 전하는 만불산이라는 자동장치 역시 인간의 자동화와 원격화에 대한 욕구의 한 면을 보여줍니다.

여러 크기의 부처 1만 개를 바위산 형상에 배치하고, 움직이는 기계인형을 배치했습니다. 일종의 자동 디스플레이 장치입니다. 돌아다니는 승려 형상이 있고 종도 있었습니다. 종이 울리면 돌아다니던 승려 모두가 절을 했다고 전해집니다. 이 만불산은 8세기에 만들어졌습니다. 이 장치를 바라보면서 어떤 이는 인간성과 인공성에 관해 생각했을지 모릅니다. 그리고 인공적 인간성을 떠올리며 인간인 자기 역시 누군가가 만들어 놓고 움직임 값을 입력한 존재일지도 모른다고 생각했을 수도 있습니다. 만불산이 깨달음을 전하는 디스플레이 장치였으니까요.

괴테가 쓴 《파우스트》에도 인공지능이 나옵니다. 여기에 나오는 인조인간 호문쿨루스*Homunculus*(플라스크 속 작은 인간)는 형상 없이 플라스크 속에서 지식과 정신으로만 존재합니다. 갖가지 데이터를 탐구하고 파우스트를 고대 그리스로 데려가는 역할을 합니다. 《파우스트》에 보이는 계속되는 데이터 추구와 인공성 개발의 결과 인간이 과거로 회귀하는 모습은 오늘날 인공지능 연구가 과거를 반추하는 양상과 같습니다.

성경에는 이미 음성으로 현현하는 전지전능한 신의 모습이 나옵니다. 앞서 소개한 호문쿨루스가 성경의 영향을 받은 개체일지도 모릅니다. 이를 보면 시각적 이미지뿐만 아니라 다른 감각으로도 우리 인간은 인공성에 대한 느낌을 받아들였습니다. 고대나 근대의 역사에 나타나는 인공성, 인조성을 통해 인간의 마음과 사고 속에는 분명히 인공성에 대한 직관적인 무언가가 있다는 사실을 알게 됩니다. 이런 지능에 관한 감각적 환경은 인간이 인공지능 기술을 감각적으로 받아들이는 데에 중요한 역할을 했습니다. 인간의 모습을 한 휴머노이드가 환영받는 이유도 이러한 인공성의 역사로부터 기인합니다.

7장

인류/플랫폼과 인공지능: 디지털, 전기, 전파, 기계, 휴머노이드

인류의 역사를 보면 '지금, 여기', '지금, 저기'로 데이터를 이동하게 한 결과가 모이고 쌓여 지금의 플랫폼까지 온 역사입니다. 어떤 플랫폼으로 변화해 왔는지 짧게 한번 보겠습니다. 자기 목소리를 지금 저기 있는 사람에게 보내기 위해 최초의 원시인이 만든 두 손 모으는 모양(나중에 확성기가 되는 모양), 540년 전 조선의 사림 학자 최부를 지금 여기로 소환해 올 수 있도록 한《표해록, 漂海錄》의 글자들(글을 보면 사람을 추론할 수 있음), 글자를 쓰는 데 사용한 붓, 먹, 종이, 멀리 있는 사람(의 목소리)을 내가 있는 지금 여기로 가져오고 저기로 보낸 것은 전화기를 발명한 벨Alexander Graham Bell, 라디오를 만든 것은 굴리엘모 마르코니^{Guglielmo Marconi}, 리 드 포리스트^{Lee de Forest}, 텔레비전을 만든 것은 존 로지 베어드^{John Logie Baird}, 사진기를 만든 것은 니세포르 니에프스^{Nicéphore Niépce}, 루이 다게르^{Louis Daguerre}, 인공위성을 만든 것은 세르게이 코롤료프^{Sergei Korolev}, 태양 빛을 내가 있는 지금 여기로 가져온 것은 에디슨^{Thomas Edison}입니다. 이들이 만든 것들은 모두 자기에게서 멀리 떨어진 곳으로부터 자기에게로 무언가를 이동하게 합니다.

소, 말, 마차, 영양소, 연료, 자동차, 기차, 도로, 철로, 로켓, 궤도, 설계도 같은 것도 역시 플랫폼입니다. 도르래도 플랫폼입니다. 꼭 무언가 눈에 보여야만 플랫폼이 되는 것은 아닙니다. 이동의 궤적도 플랫폼입니다. 누군가 혹은 어딘가에 맞닿을 수 있게 하는 것은 모두 플랫폼입니다. 그 누군가는 다른 사람일 수도 있고 자기일 수도 있습니다. 내 몸도 플랫폼이 될 수 있고, 내 생각도 플랫폼이 될 수 있습니다. 어제의 생각을 오늘 기억해 내는 뇌와 신경도 플랫폼입니다. 그러므로 고전 철학, 문학, 예술도 플랫폼으로 생각해 봐야 합니다. 이런 특징으로 저는 플랫폼을 '추상 플랫폼'과 '형태 플랫폼'으로 나눕니다. 누가 만들었는지 확연한 플랫폼도 있지만 그렇지 않고 전해져 온 것도 있습니다. 전기와 전파가 발견되고 나서 만들어진 전자제품일수록 플랫폼의 기능이 더욱 확연하게 와닿습니다.

인공지능을 "언제?', '누가?', '왜?' 생각했을까?'를 알면 인공지능을 더 잘 이해할 수 있습니다. 인간 역사에 기록된 최초의 인간은 기원전 3400~3000년경 고대 수메르의 보리 거래를 기록한 점토판에서 이름이 확인된 쿠심*Kushim* 입니다. 그보다 더 전인 선사시대인 318만 년 전의 화석 인간(오스트랄로피테쿠스 아파렌시스)도 있습니다. 현대 인류는 그에게 루시*Lucy*라는 이름을 지어주었습니다.

서양에서 최초로 역사 기록을 체계화한 사람은 헤로도토스*Herodotos* 입니다. 역사를 신화에서 해방시켰다는 평가를 받습니다. 쿠심은 할아버지와 아버지로부터 루시에 대해 들었을 테고, 헤로도토스도 할아버지와 아버지로부터 루시, 쿠심에 대해 듣지 않았을까요? 세대를 걸쳐 이어지고 이어지는 이러한 이야기의 연결 속에서 누군가 한 사람은 이런 생각을 했을지 모릅니다. '내가 들은 이야기, 알고 있는 것을 모두 기억하려면 어떻게 해야 하지?' 이런 원리를 기술로 발전시킬 방법이 없던 시대의 인간은 원리는 알았으나 어떤 기술을 만들어서 어떻게 적용할지를 몰랐습니다. 이는 마치 인공지능이라는 말을 많이 듣긴 하지만 정작 그 기술을 몰라 어찌할 줄 모르는 현대인의 모습과 똑같았습니다.

자기 대신 무언가를 기억할 수 있는 인공지능에 대한 구체적인 영감은 쿠심이 사는 곳에서 일어났습니다. 인공지능의 첫 단초입니다. 당시 세상에 보이는 것들의 패턴을 이해하는 상형성이라는 '원리'가 여러 세대를 돌고 돌아 문자라는 쓰기 '기술'을 만들어냈습니다. 이것이 인류 최초의 문자, 기원전 3500년 무렵 메소포타미아 문명의 수메르인들이 사용한 쐐기문자(설형문자)입니다.

이는 초기 그림문자에서 발전한 표어문자 형태였습니다. 점토판에 갈대 철필로 새겨 기록했습니다. 수메르인들은 문자라는 추상 플랫폼과 점토판이라는 형태 플랫폼을 발명해서 자기의 생각을 저장하고 전달하는 최초의 저장장치를 만들었습니다. 문자는 지금의 기계 기술이 아닌 원리가 논리적으로 구체화한 기호라는 기술이었습니다. 인공지능의 성격이 이와 같습니다.

잠깐 오늘날의 컴퓨터 저장장치를 살펴볼까요? 오늘날의 저장장치는 컴퓨터와 디지털 기기에서 데이터를 영구적 또는 반영구적으로 보관하는 핵심 부품입니다. 전원이 꺼져도 데이터가 유지되는 보조기억장치가 대표적입니다. 속도가 빠르고 충격에 강한 SSD*Solid State Drive*가 주류이며, 대용량 데이터 저장용으로는 가격이 저렴한 HDD*Hard Disk Drive*가 활용됩니다.

SSD는 반도체 메모리를 사용하여 HDD보다 속도가 매우 빠르고, 충격과 소음에 강해 운영체제*os* 설치용으로 적합합니다. HDD는 자기 디스크를 회전시켜 데이터를 기록합니다. 속도가 느리지만 저렴한 비용으로 고용량(4TB~20TB) 구성이 가능하므로 데이터 백업용으로 많이 쓰입니다. 외장 HDD/SSD는 USB 등으로 연결하여 휴대성을 높인 저장장치입니다. USB 메모리/SD 카드는 플래시 메모리를 기반으로 한 소형 저장 매체입니다. 수메르인 쿠심은 자기가 갖고 있는 데이터를 집에서 쓰는 두꺼운 점토판이 아닌 얇은 점토판에 철필로 적어 다른 이들에게 전달했을 테니 이게 지금의 USB인 셈입니다.

점토판이 늘어나다 보니 보관할 곳이 모자랐습니다. 대형 저장소를 만들고, 이와 동시에 점토판을 축소해서 소형화하는 방법도 구상했습니다. 주로 사원, 궁전, 필경사*dub sar*(두브사르)의 학교 *edubba*(에두바) 등에서 전문적으로 저장했습니다. 요새 우리가 사용하는 중앙 데이터 저장장치와 분산 저장장치의 아이디어가 바로 이것입니다.

점토판은 젖은 흙에 철필로 글씨를 쓴 후 햇빛에 말려 사용했습니다. 장기 보관이 필요한 중요 문서(계약서, 문학 작품 등)는 구워서 보관했습니다. 점토판은 내용에 따라 분류되어 갈대 바구니, 나무 상자, 도기 항아리 등에 담겨 보관되었는데, 이때 보관 용기에 어떤 내용이 담겼는지 알 수 있도록 꼬리표^{Label}를 붙였습니다. 지금의 데이터 라벨링입니다.

중요도에 따라 분류하기도 하고, 일상적인 거래 내역은 일정한 기간 후 큰 점토판에 합쳐서 정리했습니다. 그리고 문서를 모아 책으로 만들기 시작했습니다. 데이터를 여러 개의 점토판에 나누어 적고, 순서대로 읽을 수 있도록 번호를 매겼습니다. 데이터를 찾는 더 효율적인 방법을 조금씩 구상했던 것입니다. 올바른 데이터 전달을 위한 보안 장치(봉투)도 사용했습니다. 원본 점토 위에 진흙을 얇게 덮고 봉인했습니다.

데이터를 저장하는 방식은 지금부터 약 5000년 전부터 이렇게 인간의 삶에 들어와 있었습니다. 그리고 불과 50년 전까지만 해도 인간은 이런 방식의 도서관을 사용했습니다. 점토판이 종이로 바뀌게 되는 계기도 플랫폼의 진화에 큰 사건이었습니다. 태어나자마자 종이가 있는 세상이라서 현대 세대는 그 중요성을 잘 모르지만, 종이는 지금의 컴퓨터에 비교할 만한 인류 최고의 발명품입니다. 종이 덕분에 플랫폼이 소형화되고 얇아져 '접히게' 되었습니다.

지금의 우리 인류가 플랫폼을 들고 다니고 '접는' 스마트폰을 쓰고 휘어지는 디스플레이를 사용하게 된 계기가 되었습니다.

인공지능이란 (눈으로 볼 수 있는) 논리 연산식의 구조입니다. 저장 장치로서 인공지능에 대한 영감은 최초의 원시인에게서 나온 것입니다. 루시의 생각이 쿠심으로 전해졌고, 쿠심에게서 헤로도토스로 이어졌습니다. 이는 루시의 뇌가 쿠심에게로, 쿠심의 뇌가 헤로도토스의 뇌로 연결되어 확장한 것과 다르지 않습니다. 시간이 지나면서 이들의 뇌는 다른 이들에게 자기의 생각을 퍼뜨렸고, 이것을 들은 다른 이가 또 다른 누군가의 뇌에 생각의 씨앗을 심었습니다.

그런데 생물 뇌가 부패하지 않고 전해지려면 썩지 않는 온전한 뇌를 만들 수밖에 없었습니다. '몸은 죽었을지라도 뇌만을 살려두면?'이라는 가상성이 발동했습니다. 뇌의 공간을 확장하는 것입니다. 가상화, 시각화로 뇌의 기능을 눈에 보이게 하려는 마음이 움텄습니다. 뇌 기능을 가시화하는 방법이 과학 기술로 펼쳐지게 되었습니다. 이로써 새로운 전환의 시대가 활짝 열렸습니다. 자연 모방성에서 인공성으로 발전하는 시대가 된 것입니다. 인공성에 대한 최초의 생각은 누가 했을까요?

앞에 소개한 수메르인 쿠심은 회계사였습니다. 숫자를 다룬 사람입니다. 숫자의 원리를 알고 있었으니 셈이라는 기술을 쓸 수 있었습니다. 점점 거래의 단위가 커지고 원리만으로 계산하기에 어려울 때가 있었습니다. 쿠심은 자기가 더 쉽게 계산할 수 있는 방법을 찾기 시작했습니다. 이때의 데이터는 빅데이터였을까요? 그렇습니다. 당시의 사람이 소화하기에는 이전보다 점점 더 많아지는 데이터였으니 빅데이터가 맞습니다. 지금의 기준으로 보면 턱없이 부족하지만 지금의 기준으로 저 때를 재단하면 안 됩니다.

이런 빅데이터의 시대를 살아남기 위해서는 쿠심을 비롯해 수메르인들도 그에 맞는 방법이 있어야 했습니다. 저 때의 상황이 지금의 상황과 똑같습니다. 수메르인들의 수고가 있었기 때문에 우리는 지금 수메르 문명보다 훨씬 진화한 단계를 생각할 수 있습니다. 숫자가 왜 플랫폼인지 아시겠지요?

수메르 수학은 기원전 3000년경부터 발달한 인류 초기의 수학입니다. 60진법을 기초로 한 자릿값 체계를 세계 최초로 사용했습니다. 이들은 점토판에 곱셈, 나눗셈, 제곱근, 방정식 등의 계산을 기록하여 농업, 건설, 천문학적 관측에 활용하였으며, 현대의 시간 및 각도 계산 체계(60분, 360도 등)의 기초가 되었습니다. 60진법은 10이나 12가 아닌 60을 기초로 한 진법을 사용했습니다. 이는 60이 1, 2,

3, 4, 5, 6, 10, 12, 15, 20, 30 등 많은 수로 나누어떨어져 계산에 유리했기 때문입니다. 자릿값*Place Value* 체계란 숫자의 위치에 따라 값을 다르게 하는 체계입니다. 수메르인은 이를 최초로 도입하여 큰 수를 효율적으로 표현했습니다.

수메르인은 수학을 실용적인 연산식으로 삶에 활용했습니다. 지금의 인공지능 개발에 수학이 핵심이 되게 한 장본인들이 수메르인입니다. 숫자로 식을 만들어 농경지 면적 계산, 물 부족에 따른 관개용수 배분, 건축물 설계 등 실생활 문제 해결에 집중했습니다. 수메르인은 0의 개념은 알고 있었으나, 독립된 숫자로 표기하지는 않았습니다. 생각하면 할수록 숫자의 발견은 위대합니다. 원리를 기술로 발현한 가장 위대한 업적입니다. 논리로만 원리를 기술로 전환했습니다.

수메르의 이러한 수학적 지식은 이후 바빌로니아 문명으로 계승되어 더 발전했고, 바빌로니아 수학은 공식*formula*보다는 반복적인 절차를 통해 문제를 해결하는 방식, 즉 현대적인 의미의 알고리즘에 기반을 두고 있었습니다. 이는 현대의 뉴턴-랩슨법*Newton·Raphson method*과 매우 유사한 반복적 수치 해석 알고리즘입니다. 현대 컴퓨터 과학에서 방정식의 근을 찾거나 최적화 문제를 해결할 때 핵심적인 기술입니다. 이러한 기술이 바빌로니아인들이 살던 때부터 직관화되었고 지금의 인공지능을 이루게 했습니다. 60진법의 장점을 활용한 계산은 오늘날 컴퓨터의 데이터 처리 효율화에 대한 영감을 주었고, 대수적 접근법은 머신러닝 알고리즘이 데이터를 처리하고 예측 모델을 만드는 방식의 원형이 되었습니다.

숫자로 인해 인간의 추상성, 함축성, 직관성이 발달했습니다. 논리 구조가 걷잡을 수 없을 만큼 커지고, 바빌로니아인은 수식을 만지면서 손에 잡히게 하는 수학적 도구를 원하기 시작했습니다. 수리 연산 도구에 대한 욕망이 생겼습니다. 주판의 전신이 되는 셈하기 도구가 이때 발명되었습니다. 기원전 3000년경 고대 바빌로니아에서는 모래나 분말을 이용한 널빤지 계산이 생겨났고, 이것이 최초의 주판 형태로 알려져 있습니다.

주판은 인공지능으로의 개발 역사에서 상당히 중요한 의미를 갖습니다. 인공지능 도구의 인류학적 순환의 사례를 보여주기 때문입니다. 주판은 1990년대 이후 전자계산기와 컴퓨터의 등장으로 주류 계산 도구에서 밀려났으나 최근 들어 집중력, 암산 능력, 좌뇌와 우뇌를 동시에 발달시키는 두뇌 계발 효과로 다시 주목받고 있습니다.

이처럼 도구, 기계 등의 형태적 기술의 사용이 기술의 원점인 뇌를 다시 찾는 계기가 됩니다. 인공지능 도구의 운명은 이미 주판에서 나타났습니다. 전자계산기를 사용하던 인간이 굳이 주판을 찾아 흡사 진화를 다운그레이드*downgrade*하는 모습을 어떻게 해석해야 할까요? 인간의 뇌에 관한 관심은 지능의 인공성이라는 개념과 함께 자라났습니다. 우선 지능의 인공성을 만들려면 인공성의 근원이 있어야 했는데 그게 뇌였습니다. 뇌는 기억 저장소로 인식되었습니다.

서양에서도 동양에서도 기억을 잘한다는 것은 출중한 능력으로 칭송받았습니다. 기억술은 기원전 1천 년부터 존재해 왔습니다. 정보를 장기기억에 저장할 때 사용하는 기법입니다. 중세 토마스 아퀴나스*Thomas Aquinas*(1225~1274)와 조선의 허균許筠(1569~1618), 김득신金得臣(1604~1684)이 기억의 달인이었습니다. 기억력이 높은 지능을 보여준다고 믿었기 때문에 기억력을 향상하는 방법도 발달했습니다. 딱히 어떤 기계를 만들지는 못하니 뇌를 발달시키려는 마음이 강했습니다. 그러므로 인간의 뇌를 계발한다는 것은 인공지능의 성능을 높인다는 것과 같은 맥락으로 해석할 수 있습니다.

말이 나온 김에 조선 시대로 잠시 돌아가 보겠습니다. 조선 최고의 슈퍼 메모리 아이콘인 최부崔溥(1454년~1504)와 정약용丁若鏞 (1762~1836)도 이런 생각을 했을 겁니다. 저들이 종이에 써놓은 게 좀 많았어야지요. 우리가 문서를 컴퓨터로 작성하면서 Ctrl+F를 눌러 쉽게 원하는 단어를 찾아내는 기술을 이들도 원했을 겁니다. 붓으로 종이에 쓴 기록이 한 100장째 들어서면 자기가 무엇을 어디에 썼는지 가물가물합니다. 종이를 모두 쫙 펼쳐놓고 '그 말이 어디에 있었더라…?'를 연신 내뱉으면서 괴로워했을 테지요.

이를 해결하기 위해서는 학자들이 자기의 기억장치 즉, 뇌를 계발하는 수밖에 없었습니다. 기억력을 증가시키는 방법을 고안하려고 했을 겁니다. 생물적 메모리 장치인 뇌의 효율성을 높이기 위해서 조선 시대에 했던 과업은 총명탕聰明湯 마시기였습니다. 총명탕은 《동의보감》에 기록된 대표적인 처방으로 '오래 복용하면 하루에 천 마디를 외울 수 있다.'라고 하여 과거시험을 준비하는 선비에게는 필수였습니다. 이런 효과를 보는 알약이 나온다면 정말 잘 팔리지 않을까요? 인간의 뇌 기능 향상과 컴퓨터의 메모리칩 향상은 같은 맥락으로 이해할 수밖에 없습니다. 인간성과 인공성은 이래서 이분될 수 없습니다.

전기가 인간 문명 전반에 등장하고 도구의 운영체계가 디지털

화되면서 아날로그 도구는 사라져갔습니다. 원리=기술의 평행 관계가 여기서 완전히 깨졌습니다. 여러분은 전자계산기의 작동 방식을 알고 있나요? '하나에 하나를 더하면 둘이 된다.'라는 원리는 다 압니다. 이 원리에 인간이 만든 숫자라는 기술을 이용해서 쓰면 '1+1=2'라고 표기할 수 있습니다. 그런데 이게 세 자릿수의 곱하기, 나누기만 되어도 쉽지 않습니다. 이런 셈을 빨리 하게 만든 게 주판입니다.

주판은 그 모양새를 따라서 직관적으로 만들 수도 있고, 배우면 쉽게 셈하는 방법을 습득할 수도 있습니다. 그런데 기계 계산기나 전자계산기는 어떤가요? 원리를 안다고 해서 모두가 다 만들 수 있는 장치는 아닙니다. 사실 원리도 그리 직관적이지 않습니다. 여기서 '(원리 이해-기술 파악-기술 적용 A)-(원리 이해-기술 파악-기술 적용 B)'라는 복잡성이 나타납니다.

B를 기계와 디지털의 벽이라고 부를 수 있겠습니다. 기술로 응용하려고 하는 무언가가 있어도 기계나 디지털로 나타내기 위해서는 기계, 디지털의 원리 이해-기술 파악을 알아야 하는 겁니다. 여기서 세상 인구의 계층이 나뉘어져 버렸습니다. 기계의 원리를 알고 기계 기술로 무언가 만들 수 있는 자와 그렇지 못한 자, 그리고

디지털 원리를 이해하고 디지털 기술로 무언가 만들 수 있는 자와 그렇지 못한 자로 말입니다.

계산기는 주판보다 진화한 계산 장치입니다. 주판은 주판알 놓는 법을 알아야 쓸 수 있지만 계산기는 누르기만 하면 숫자가 바로 튀어나오기 때문에 편리했습니다. 톱니바퀴의 톱니 하나가 숫자 하나를 의미하고 이것을 한 칸씩 돌리는 것으로 덧셈을 할 수 있었습니다. 최초의 기계식 계산기는 1642년 블레즈 파스칼이 19살이었을 때 만들었습니다. 라이프니츠도 기계식 계산기를 발명했는데, 곱셈과 나눗셈까지 할 수 있었습니다.

세계 처음으로 개발된 전자계산기는 1964년에 출시됐습니다. 반도체로 만들어져 빠른 계산이 가능했습니다. 그리고 자릿수마다 눌러야 하는 버튼이 달랐습니다. 한 대가 당시 차 한 대 가격이었습니다. 그렇지만 주문이 쇄도했고 치열한 개발 경쟁이 시작됐습니다. 덕분에 기술혁신이 빨라졌고 소형화가 진행됐습니다. 1973년에는 세계에서 처음으로 액정 화면 계산기가 출시됐습니다. 이 기술이 나중에 액정 TV와 휴대전화 액정으로 발전했습니다. 1976년에는 태양전지를 탑재한 계산기도 등장했습니다. 이것이 태양광 발전에 응용됐습니다. 인류 최초의 상업적 휴대용 전자계산기는

1972년 8월 출시된 카시오 미니 *Casio MINI*입니다. 이때부터 개인용 전자계산기 시대가 열렸습니다.

여러분은 컴퓨터의 원리를 배운 적이 있나요? 컴퓨터에 들어가는 반도체의 원리는요? 키보드를 치면 이게 어떻게 스크린에 글자로 변환되고 컴퓨터가 어떻게 답을 찾아내는지 알고 있나요? 이런 원리를 알아야 우리가 배우는 것들에 대해 "왜?"라는 질문을 할 수 있고, 인공지능을 더 가까이에서 배울 수 있습니다.

컴퓨터 모니터에 글자가 나타나려면 입력, 처리, 렌더링(그리기), 출력 후, 숫자 0과 1 데이터를 수백만 개의 픽셀(점)로 변환하는 과정이 필요합니다. 사용자가 키보드의 키를 누르면, 키보드는 해당 키에 대응하는 전기신호를 컴퓨터로 보냅니다. 컴퓨터는 이 신호를 ASCII 코드나 유니코드(UTF–8)와 같은 숫자 체계로 전환합니다. 운영체제(Windows, Linux 등)가 입력된 숫자를 받아 실행 중인 프로그램에 전달합니다. 프로그램은 이 글자를 RAM(메모리)에 저장하여 처리할 준비를 합니다. 컴퓨터는 저장된 글자를 화면에 그리기 위해 폰트 파일(TTF 등)을 참조하여 글자의 모양*glyph*을 가져옵니다.

벡터 형태의 폰트 데이터를 화면의 수많은 점(픽셀)으로 변환합니다. GPU(그래픽 카드)는 렌더링한 픽셀 데이터를 비디오 메모리에 저장합니다. GPU는 초당 60~144번 이상(주사율) 비디오 메모리의 내용을 모니터로 전송합니다. 모니터의 액정이 전압에 따라 열리고 닫히면서 컬러 필터를 통해 픽셀의 색상을 구성합니다. 비디오 메모리에서 1(켜짐)로 지정된 픽셀(글자 부분)은 밝게, 0(꺼짐)으로 지정된 픽셀(배경 부분)은 어둡게 표시되어 글자가 화면에 나타납니다.

반도체 역시 전기 신호의 흐름과 차단을 이용하여 0과 1이라는 디지털 데이터로 변환하고, 이를 수조 개 이상의 스위치 삼아 논리 연산을 수행합니다. 스위치 즉, 트랜지스터는 전압을 가해 전류를 흐르게 하거나(On=1) 끊는(Off=0) 스위치 역할을 합니다. 전기가 흐르면 1, 흐르지 않으면 0으로 인식하여 모든 데이터(문자, 이미지, 영상)를 0과 1의 조합으로 표현합니다. 이게 디지털화입니다. 트랜지스터들을 조합하여 AND, OR, NOT 같은 논리 게이트를 만듭니다.

예를 들어 두 개의 스위치가 모두 켜져야 전기가 통하는 회로는 'AND 게이트', 하나라도 켜지면 통하는 회로는 'OR 게이트'가 됩니다. 이러한 '논리 게이트들'을 복잡하게 조합하면 산술 연산이 가능한 회로가 됩니다. 컴퓨터의 뇌인 CPU(중앙처리장치) 내부에는 산술 논리 장치*ALU. Arithmetic Logic Unit* 라는 부분이 있습니다. ALU는 트랜지스터와 논리 게이트로 구성된 회로 뭉치입니다. CPU는 이 ALU를 통해 데이터를 0과 1로 변환하여 초당 수조 개의 연산을 처리합니다.

그리고 반도체는 기능에 따라 크게 메모리*memory* 반도체와 비非 메모리 반도체로 나뉩니다. 메모리 반도체는 정보 저장, 비메모리 반도체는 연산을 담당합니다. 반도체는 트랜지스터를 만드는 데 사용되는 소재 혹은 그 소재로 만든 소자를 말합니다. 반도체는 전기 전도도가 도체와 부도체의 중간인 물질입니다. 이 물질을 활용해 전류 흐름을 조절하는 장치가 트랜지스터입니다. 그러므로 트랜지스터는 반도체 소재를 이용해 전기 신호를 증폭하거나 스위칭하는 소자입니다. 미국 근대기에 전화 통화 서비스가 교환원에서 자동식 교환기로 바뀌었는데, 교환기의 고장과 통화 단절 현상을 줄일 방법을 연구했습니다. 이것이 트랜지스터가 만들어지게 된 배경입니다.

이론물리학자인 윌리엄 브래드퍼드 쇼클리*William Bradford Shockley*, 존 바딘*John Bardeen*, 실험물리학자인 월터 하우저 브래튼*Walter Houser Brattain*이 반도체도 진공관처럼 전기 신호를 증폭할 수 있다는 사실을 밝혀냈습니다. 트랜지스터의 등장으로 1954년 최초의 트랜지스터 컴퓨터인 트래딕*TRADIC*이 발명되었습니다. 트랜지스터는 진공관을 대체하며 전자제품의 핵심 부품으로 자리 잡게 되었습니다. 덕분에 크고 복잡한 회로가 작아졌습니다. 트랜지스터는 기계 시대에서 전기 신호로의 전환을 가져왔습니다. 인공지능과 반도체는 '두뇌'와 '신경망'의 관계입니다. 인공지능은 대규모 데이터를 빠르게 처리하기 위해 GPU*Graphics Processing Unit*, NPU*Neural Processing Unit* 등의 고성능 인공지능 반도체를 필요로 합니다.

트랜지스터 기술은 편리함의 휴대화를 가능했기 때문에 인기가 많았고 급속히 퍼져나갔습니다. 기계 플랫폼의 소형화는 인간이 제작하는 기계의 운명이기도 합니다. 인간은 작으면서 고기능의 기계 장치를 좋아합니다. 어떤 플랫폼을 어떻게 이용할지에 대한 고민이 계속되면서 인간은 조금 더 가볍고 범용적이며 정교하고 이동 가능한 것을 만들었습니다. 이는 우리 몸 외부에서 내부로의 장치 이동이기도 합니다.

그래서 기계 기술을 아예 몸속에 넣어버리려는 욕망도 생겨났습니다. 2016년 일론 머스크가 설립한 기업 뉴럴링크는 신경*Neural*과 연결*Link*의 합성어로 말 그대로 인간의 뇌와 컴퓨터를 연결하는 프로젝트를 추진하고 있습니다. 뉴럴링크는 지름 23㎜, 두께 8㎜의 동전 크기의 '텔레파시*Telepathy*'라는 BCI *Brain-Computer Interface*(뇌–컴퓨터 인터페이스) 칩을 개발 중입니다. 그리고 서울대 기계공학부 고승환 교수와 카이스트 김택수 교수 공동연구팀은 젤리처럼 부드러운 인체삽입형 전도성 하이드로젤을 머리카락보다 20배 얇은 두께로 패터닝*Patterning* 할 수 있는 기술을 개발했습니다. 축지법, 독심술, 예지력 등 초능력에 환호하는 것이 인간이라는 점을 보면 이런 기술이 개발되는 것이 그렇게 놀라운 일이 아닙니다.

오래전 허공은 보이지 않는 바람이 있는 곳으로만 여겨졌습니다. 그러다가 허공은 소리칠 수 있는 곳이며 따라서 소리로 다른 이와 소통했을 때 허공이 플랫폼이 된다는 사실을 알게 되었고, 급기야 이 허공에 전기가 존재하고 전파가 존재한다는 사실이 발견되었습니다. 영국의 물리학자 제임스 클러크 맥스웰*James Clerk Maxwell* 은 전자기학 방정식을 통해 빛의 속도로 전파되는 전자기파의 존재를 수학적으로 예측했습니다.

이 전자기파의 존재를 이론적으로 예언한 후, 독일의 물리학자인 하인리히 헤르츠*Heinrich Rudolf Hertz* 가 1888년 금속 공과 코일을 이용한 실험 장치로 맥스웰의 전자기파 이론이 사실임을 입증하고, 전파가 빛과 같은 성질을 가진다는 것을 발견했습니다. 전파의 발견은 라디오, 텔레비전, 이동통신 등 현대 사회의 정보 교류와 문명 발전에 필수적인 기반이 되었습니다.

인공지능은 인간과 문명의 진화의 단계에서 나타나는 하나의 현상입니다. 플랫폼의 진화는 계속되었고 그 결과 인간의 삶이 편리해졌습니다. 흙바닥에 글을 쓰다가 종이와 붓이 발명되고 나서 종이와 붓에 쓸 돈을 아끼겠다고 한 사람은 없었을 것입니다. 종이와 붓이라는 플랫폼에는 그만한 가치가 있었기 때문입니다. 자기 시간을 확보한다는 가치 말입니다.

시간이 생기면 인간은 무엇을 할까요? 역사를 통해서 보면 시간이 확보되면 인간은 자기 영역을 넓혔습니다. 더 많은 땅을 차지하려고 했고, 더 많은 것을 탐했습니다. 그리고 동시에 더 많은 것을 만들었습니다. 추상적인 것에 대한 탐구를 하다가 도구에 대한 탐구를 시작했습니다. 기계가 만들어졌고, 자기의 영역 바깥을 더 멀리 보기 시작했습니다. 그 결과 세상은 지리적 영토처럼 금방 인지할 수 있는 곳과 허공처럼 즉시 파악이 어려운 곳으로 구분되었습니다. 재미있는 일이 벌어진 건 이때부터입니다. 기록 장치가 본격적으로 나타나기 전에 살던 사람들은 하루에 일어난 일을 모두 세세하게 기억할 수가 없었습니다.

그러다가 자기의 기억을 오래오래 연장하고 싶다는 마음이 생겼습니다. 그래서 그 방법을 만들 생각을 했고, 글자를 만들어 써서 기억을 연장했습니다. 즉, 기억을 어딘가에 자기 공간에 저장했습니다. 우리가 지금 아는 디지털 컴퓨터의 저장 기능은 이런 욕구에서 나왔습니다.

폼페이 벽에 써놓은 유언의 형태를 보면 인간은 남기고 싶은 것이 있을 때 가장 먼저 생각하는 것이 손가락으로 어딘가에 무엇을 쓰는 것이었습니다. 인류 최초의 형태 플랫폼은 땅과 필기도구인 손가락이었습니다. 이것을 조금 더 크게 넓히면 지금까지 인간의 플랫폼은 땅에서 인간의 손가락이 쓰던 행위의 변천이었습니다. 손으로 쥐고 있지 않으면 쓸 수 없었습니다. 이걸 더 편리하게 손가락의 동작만으로 작동하는 디지털 장치를 만들었습니다. 쥐고 했던 행위만 남기고 쥐었던 물체는 없앤 것입니다. 분명히 기계가 만들었으나 무無 기계의 세상이 되었습니다.

인공지능은 이 플랫폼을 유지할 기능입니다. 인공지능이 끝이 아닙니다. 인공지능이 디폴트된 상태에서 문명의 다음 단계로 점프하게 됩니다. 예를 들어 인공지능 모델은 우주를 탐험할 수 있는 장치입니다. 인공지능 모델로 우주 엘리베이터를 만드는 일을 하고, 지구의 공기를 지킬 수 있도록 수천 년 전 공기를 분석하는 일을 하는 겁니다. 우리가 늘 염두에 두어야 하는 것은 인간이 만들어가는 플랫폼의 진화가 자연 속에서 어떤 역할을 할지에 대한 생각입니다. 인간의 몸이 우주 속에서 플랫폼 자체가 되는 날도 멀지 않았습니다. 몸과 자연 생태계가 소통할 수 있는 날이 올 수도 있습니다. 인간성 복제, 인공지능 탑재 인간, 디지털 분산 인격체 등이 나타날 수 있습니다.

인간은 누구에게나 아빠, 엄마라는 플랫폼이 있습니다. 아이가 만나는 최초의 검색 엔진이 부모입니다. 세상과 처음 만나게 해주는 아빠, 엄마의 플랫폼 역할은 강력합니다. 역사 초기에 아빠와 엄마는 자연의 원리를 터득하게 해주고 기술도 전해주는 역할을 했습니다. 젓가락이라는 플랫폼 '원리'와 젓가락질이라는 '기술'을 알려주었습니다. 자전거의 원리와 자전거 타기라는 기술을 알려주었습니다. 이렇게 알게 된 것들을 발판으로 자식은 자기가 살길을 찾았습니다.

조선 후기 조재삼趙在三(1808~1866)이라는 학자는 직접 두 아들을 가르치기 위해서 1855년 《송남잡지》라는 백과전서를 저술했습니다. 수록 내용의 양이 엄청납니다. 손수 검색엔진이 되어 아들들이 검색할 거리의 답을 미리 준비해 놓았습니다. 지금은 부모가 이러지 못하고 있습니다. 그리고 현대에 들어서는 부모가 아이에게 가르쳐줄 수 있는 게 막히는 때가 너무 잦습니다. 그게 언제일까요? 아이에게 가르칠 것이 너무너무 많거나 아이의 세상이 간단한 도구의 세계에서 복잡한 기계의 세계로 넘어가는 문물을 대할 때입니다. 열쇠와 자물쇠의 원리를 안다고 보통의 부모가 열쇠와 자물쇠를 만들 수 있는 것은 아닙니다. 시계, 전화 등에 대해서는 지금 대부분의 아빠, 엄마들도 모릅니다. 기계를 사용만 했지, 원리를 모릅니다. 원리를 알고 기계를 만들거나 이용하는 이들은 소수에 지나지 않습니다. 그래서 지식에 관한 엄마, 아빠라는 플랫폼이 컴퓨터로 옮겨 갑니다.

컴퓨터의 원리와 기술은 또 다른 세대를 만들어냅니다. 우리는 컴퓨터를 만들고 소프트웨어, 하드웨어 등 컴퓨터 기술을 고도화한 이들에게 감사해야 합니다. 컴퓨터 과학을 이끈 사람들은 인류가 진화할 수 있는 범용적인 기술을 만들어 준 것입니다. 그 옛날 종이와 연필을 만든 사람에 견줄 수 있습니다. '원리 이해-기술 파악-기술 적용'을 자기화할 수 있는 가장 쉽고 효율적인 장치가 바로 컴퓨터입니다. 컴퓨터로 인간의 뇌세포에 해당하는 인공지능을 만들 수 있습니다. 그리고 이로써 로봇의 뇌신경 조직을 만들 수도 있습니다. 그런데 이러한 일을 또 인공지능 모델이 도와줍니다. 인공지능을 만든 인간이 다시 인공지능을 자기 발전의 발판으로 삼습니다.

역사적으로 인간이 사용하는 플랫폼은 계속 축소되었습니다. 인공지능은 여기에 기름을 부었습니다. 기계의 소형화를 대폭 가능하게 했습니다. 인간을 둘러싼 모든 플랫폼은 역사 속에 축적됩니다. 전에 있던 것이 새로운 것에 의해 완전히 대체되거나 사라지지 않습니다. 지금도 컴퓨터 키보드와 연필은 당당하게 공존합니다. 누르는 행위, 찍는 행위가 만들어낸 붓, 펜은 연필, 지금도 활발하게 사용됩니다. 그 이유가 무엇일까요? 이를 능가할 수 있는 것이 없기 때문입니다.

인간이 개발한 플랫폼 중 지존은 단연 붓, 펜, 연필입니다. 컴퓨터용 마우스도 여기서 연장된 플랫폼입니다. 로봇은 플랫폼일까요? 우리 몸에서 플랫폼은 어디일까요? 뇌일까요? 뇌가 몸 안에 있는 신경의 콘트롤 타워이고 그럼 이 신경이 소통하는 곳과 닿을 수 있는 신경망이 플랫폼입니다. 심장이 몸속의 혈액을 총괄하니 혈관이 플랫폼입니다. 맞닿게 연결하는 역할을 플랫폼이 합니다. 인체 안에 플랫폼 아닌 것이 없습니다. 이런 인체 장기를 인공으로도 만들 수 있나요? 있습니다. 그러므로 나의 장기가 외부의 무언가와 연결되어 플랫폼이 될 수도 있습니다. 나와 다른 곳을 맞닿게 연결하면 그게 플랫폼이 됩니다. 내가 움직이지 못하는 상황에서 로봇이 나 대신 어딘가와 맞닿아 나에게 무언가를 해준다면 로봇도 플랫폼입니다.

그렇다면 맞닿은 곳끼리의 의사소통도 플랫폼이 됩니다. IoT(사물인터넷)도 여기서 출발한 개념입니다. 그리고 인류의 커뮤니티도 플랫폼이었습니다. 인류의 정주 생활은 공동체를 만들었고 그 안에 사는 사람들은 서로에게 플랫폼이 되었습니다. 애초에 인간은 혼자 있어도 세상이라는 곳과 맞닿아 무언가를 합니다. 인간과 인간 외부를 연결하는 모든 것이 플랫폼입니다. 지금까지의 세상의 역사는 '나의 내방內方과 외방外方을 어떻게 연결하는가?'의 역사였습니다.

생각이 맞닿아 있으면 이를 가능하게 하는 것도 플랫폼입니다. 생각은 추상 플랫폼이라고 부를 수 있습니다. 지금 우리가 읽고 있는 책도 저와 여러분의 생각이 맞닿는 플랫폼입니다. 마을과 마을을 연결하는 수단, 통신용 비둘기, 집, 카페 같은 어떤 공간, 개념, 숫자, 화폐, 기도 같은 것들이 모두 플랫폼이 됩니다.

영양분도 플랫폼입니다. 생태계도 플랫폼입니다. 엔트로피 법칙은 플랫폼으로 기능하는 에너지에 관한 설명입니다. 사상도 플랫폼입니다. 생각과 생각을 맞닿게 하는 플랫폼입니다. 고전 문학을 읽어야 하는 이유가 여기에 있습니다. 지금부터 미래로 생각을 향하는 것도 생각의 확장이지만 지금부터 과거로 생각을 향하는 것도 생각의 확장입니다. 고전 문학과 철학을 접하면서 지금까지의 인간 사고의 변천을 보면 인간지능의 원리를 터득할 수가 있습니다.

플랫폼은 인류와 자연 세상의 맞추기 패턴이자 이를 찾을 수 있게 하는 기제입니다. 원리를 알면 이 원리로 만든 기술을 이용할 수 있습니다. 결국 철학이 모든 원리의 근원이자 총체입니다. 철학을 알아야 하는 이유입니다. 그리고 원리 터득을 위한 옛 생각과 맞닿음이 고전 문학 독서입니다. 지금까지는 많은 이들이 이런 생각으로 고전 문학을 읽지는 않았을 겁니다. 인공지능 시대에는 플랫폼인 글자와 사상이 쓰인 시기에서 읽히는 시점까지 '플랫폼의 확장'이라는 개념으로 고전 문학 독서 교육에 대해 접근해야 합니다. 이것이 곧 '원리 터득과 기술 적용'을 위한 활동입니다. 글자에서 시작한 플랫폼의 역사는 지금의 인공지능까지 연결됩니다. 글자와 종이라는 플랫폼이 없었더라면 인류는 지금까지 존속하면서 인공지능을 만들 수 없었습니다.

　플랫폼의 변천사를 생각해 보면 인공지능 시대에 '내가 할 일'이 나옵니다. 인류의 플랫폼은 땅→돌→종이→스크린→허공→뇌로 영역이 확대되고 있습니다. 텔레파시가 곧 상용화될 지경에 놓였습니다. 그러므로 물리적인 힘만으로도 플랫폼은 이뤄집니다. 힘(에너지)으로 이뤄진 공간이 플랫폼이 된다면 이 힘이 못 갈 곳은 없습니다. 시간을 거슬러 갈 수도 있을까요? 지금의 영상 콘텐츠를 물리적인 힘으로만 보낼 수도 있습니다. 지금은 우리 눈에 영상이 보이려면 어떤 전자 기계 장치가 있어야 한다고 생각합니다. 그렇지만 인공지능의 발달이 지금의 속도대로 간다면 무無 기계 형태의 플랫폼이 나올 수 있습니다. 마치 무지개처럼 말입니다. 그렇다면 플랫폼이 못 갈 곳이 없습니다. 정말 모든 것과 모든 곳이 플랫폼이 됩니다.

　인간이 활동 영역을 확대하면서 플랫폼의 확장은 필수적이었습니다. 그런데 컴퓨터의 원리를 알고, 로봇의 원리를 안다고 해서 우리 모두가 컴퓨터를 만들고, 로봇을 만들어야 할까요? 반드시 그렇지는 않습니다. 원리를 알고 기술을 익혀서 적용하면 됩니다. 자동차를 만들기만 하면 무슨 소용이겠습니까? 자동차로 할 수 있는 것을 찾아야 합니다. 자기만의 플랫폼을 만들 수 있다면 플랫폼 제작이라는 인류 진화의 대세에 올라탈 수 있습니다. 그렇지만 그럴 수 없다면 새로운 플랫폼을 어떻게 이용할지를 고민해야 합니다.

이게 중요합니다. 거대한 업적을 남긴 사람들은 플랫폼의 원리를 알고 이를 자기의 일에 적용했습니다. 미술계의 인상주의파 거장들은 기름의 원리를 알아냈고 이를 페인팅이라는 기술에 적용해 자기만의 독창적인 표현의 확장을 이뤘습니다. 음악계의 거장들은 소리의 원리를 알아냈고 이를 연주라는 기술에 적용했습니다.

이러한 플랫폼의 확장이 인류 사고의 확장을 일으켰습니다. 이것이 우리가 진화라고 부르는 것입니다. 전기 발견 이후 소리를 전기로 만들어 보자는 시도가 있었고 지금의 디지털 음향 효과 기술로 이어졌습니다. 플랫폼 개발로 나타난 결과는 이를 이용하는 사람들의 직관성을 더 높였고, 자기 영역을 넓혔습니다. 게다가 이런 원리 이해-기술 파악-기술 적용이 빠른 사람들은 부를 거머쥐었습니다.

인터넷이 처음 나왔을 때 단순히 편리한 검색 기능 정도로만 생각하고 시작한 이들도 있었고, 이메일이라는 편리한 기능을 이용하기 위해서 인터넷을 사용하기도 했습니다. 그런데 지금은 인터넷이 만드는 시장이 상당히 커졌습니다. 21세기의 빅데이터도 인터넷이 만든 결과물입니다. 인터넷의 영향력이 이렇게까지 커질 것이라고는 예상하지 못했습니다. 사실 디지털 세계가 본격적으로 시작하면서부터는 어떤 것도 예측할 수 없었습니다.

지금부터가 중요합니다. 인터넷이라는 편리한 기능이 가져온 시장의 규모와 생활의 변화는 말 그대로 인간 문명의 진화입니다. 인터넷이라는 플랫폼은 인간의 영역을 아주 많이 넓혀 놓았습니다. 인공지능까지 만들어낸 인터넷의 여파가 앞으로 세상의 판도를 어떻게 바꿔놓을지 생각하고 공부해야 합니다. 인터넷이라는 플랫폼을 중추 기반으로 다양한 하위 플랫폼이 생성되었습니다. 플랫폼에 미친 게 인간입니다. 지금의 사람들은 스마트폰으로 사진 찍기에 바쁩니다. 사진 찍다가 죽기도 합니다. 플랫폼이 인간에게 얼마나 중요한지를 여실히 보여주는 사례입니다. 이를 봐도 인간과 플랫폼 개발은 뗄 수 없는 관계라는 사실을 알 수 있습니다.

생각을 전환하는 아이디어가 나오고 나서는 이를 실천하기 위한 방법이 필요합니다. 생각하는 바를 기계로 직접 만들 수 있어야 합니다. 이 일이 어려운 것이었습니다. 그리스 신화의 인공지능 로봇 탈로스를 만든 것도 대장장이의 신 헤파이스토스*Hephaestus*의 일이었습니다. 쇠를 벼리고, 깎고 조이고…. 누구나 할 수 있는 일은 아니었습니다. 셈을 자동으로 해주는 계산기 같은 기계에 대해서 생각은 했을지언정 정작 그 기계를 어떻게 만들지가 문제였습니다. 고대·중세의 학자가 만능인 이유도 이런 만듦에 대한 지식과 비법이 있었기 때문입니다. 전환의 생각과 전환의 실천을 모두 했던 이들입니다. '원리 이해-기술 파악-기술 적용'이 한 번에 일어나는 천재 인간형입니다. 이때부터 기계공학의 발달하기 시작했습니다.

'원리 이해-기술 파악-기술 적용'의 한 예가 사진기입니다. 손으로만 하던 것을 기계 장치로 전환한 사례입니다. 이로써 그림*picture*이 사진*picture*이 되었습니다. 사진기가 개발됨으로써 대상을 묘사하는 데 시간이 얼마나 단축되었는지는 말로 하지 않아도 알 수 있습니다. 초상화 하나 그리는 시간이 사진기 셔터 누르는 시간으로 단축되었습니다.

그림을 그려서 기록하는 게 누구나의 능력은 아닙니다. 그런데 누구나 시각적 기록을 남기고 싶어 합니다. 그리고 현장의 시간을 오래도록 소유하고 싶어 합니다. 사진기의 발명은 자기의 생각과 본 것을 시각화해서 기록으로 저장하고 전달하려는 인간의 본능에 가까운 플랫폼 사용의 행동 습성을 보여줍니다. 고대의 동굴 낙서,

중세의 필사, 오늘날의 댓글, "엄마 봐봐!"라고 외치는 아이를 보면 인간이 갖고 있는 기록이라는 습성에 인공성의 활용이 플랫폼에 어떠한 영향을 미쳤는지도 읽을 수 있습니다. 인간 본성으로 여겨지는 이러한 버릇들이 인공지능의 기술을 만드는 원천이 되었습니다. 사진기를 만든 최초의 인간은 이러한 인간의 '본성', 사진의 '원리', 사진과 사진기의 '기술'을 알고 이를 '적용'했습니다.

원리를 떠올리는 것만큼이나 원리를 실현하기도 어렵습니다. 사진기를 만든 사람은 인간성의 원리와 인공성의 원리를 알고 기술을 이용해서 자기의 욕망과 인간의 욕구를 실현하게 했습니다. 사진(그림)은 인간의 본능에 가깝습니다. 지금 주위에 스마트폰을 보는 사람들, 사진을 찍는 사람들을 보십시오. 이러한 오래된 인간의 버릇이 인공성의 전환과 기술혁명을 일으켰습니다. 여러분도 인공지능 시대에 성공을 꿈꾼다면 인간의 욕망과 본성을 읽고, 이 인간성과 어울릴 인공성의 원리를 이해해서, 어떤 기술을 인공지능이 해결할 수 있을지 구상할 수 있어야 합니다.

디지털 기술은 인류 진화에 어떤 영향을 끼쳤을까요? 라디오, 텔레비전은 플랫폼의 혁명이었습니다. 이로써 인간의 진화를 모두가 목격하는 환경이 되었습니다. 예전에는 일부 과학자와 기술자만이 과학 기술 진보의 내용을 알 수 있었습니다. 그러나 지금은 누구나 알 수 있게 되었습니다. 인공지능이 만들어내는 결과를 보면서 사람들은 지금까지 막연하게만 생각했던 것들에 대해서 구체적인 생각을 하기 시작했습니다.

인공지능은 인류가 거쳐 가는 진화의 한 대목입니다. 종착지가 아닙니다. 중요한 건 인공지능 개발이라는 인간 두뇌 진화 과정 다음에 무엇이 올 것인가를 생각해야 합니다. 인공지능이 마련되었으니, 아이디어를 구체화하기 쉬워졌습니다. 16세기 대항해의 시대에 어떤 아이디어가 세상을 바꿨는지 역사책을 찾아보세요.

디지털에 인공지능은 어떤 영향을 끼쳤을까요? 인공지능의 원리는 컴퓨터의 효율성을 계산하고 최적화시킵니다. 디지털의 기능을 대폭 향상하게 합니다. 디지털 기능이 개인화되면서 이탈주의와 분산성이 드러나는 시대를 이끌게 됩니다. 이렇게 이데올로기가 바뀌게 되는 것입니다. 자동화 시대를 열었던 디지털이 인공지능과 합쳐져 인공지능이 주도하는 전환의 때를 맞이하게 된 것입니다. 정확하고 신속한 예측이 가능해지고 이를 인간이 사용하면서 인간지능으로는 오래 걸리는 일을 해냅니다. 많은 일을 빨리 끝낼 수 있습니다.

이 시점에 우리가 따져 물어야 하는 것은 '인간이 왜 계속 플랫폼을 만들었고 만들고 있는가?'입니다. 인공지능 로봇도 플랫폼이라면 단순히 인간의 일을 하려고만 만든 것은 아닌 것 같습니다. 지금이야 인간을 대신하는 역할로만 보입니다. 다음 뉴스 기사 제목을 보세요.

사람이 해야 했던 택배 포장·분류, 로봇이 대신한다

왜 휴머노이드인가… 단순 자동화 넘어 '사람 역할' 대체

휴머노이드는 인간이 직관적으로 떠올릴 수 있는 제2의 인간입니다. 인공성만 있는 게 아니라 물성物性까지 있으니, 거부감이 덜합니다. 게다가 인간을 닮았습니다. 안드로이드까지는 아니지만요. 휴머노이드가 인간성이 비치는 인공성이라는 말입니다. 그러므로 소프트웨어와 하드웨어가 가장 친인간적으로 합쳐진 형태입니다. 무섭지 않은 형태로 인간과 소통할 수 있습니다.

심리적인 부분이 반영된 인공지능 로봇의 결과입니다. 인간이 말을 주고받을 수 있는 기계 같지 않은 기계입니다. 또 다른 의미의 무無 기계성입니다. 인류 최초의 인공지능 로봇 이야기의 주인공인

탈로스도 인간의 형상을 했고 인간의 피 같은 이코르가 흐르는 인간 몸 메커니즘을 갖고 있었습니다. 이것은 인간이 인공지능 로봇과 함께 살고 일하는 것을 기획했기 때문입니다.

산업체에서 쓰이는 로봇은 인간의 생활에 고스란히 들어올 수가 없습니다. 두뇌에 해당하는 인공지능은 마련했으나 이것이 인간의 생활에서 쓰이려면 인간의 몸을 갖고 있어야 효율적입니다. 인간의 집에 산업 로봇이 있다면 오히려 없으니만 못할 정도로 불편합니다.

인간에게는 인간을 '위해서' 인간과 '함께' 일하는 개체가 필요합니다. 그런데 인간성에는 중요한 게 있습니다. 사람은 서로 사람을 필요로 하기도 하지만 사람을 싫어하기도 한다는 점입니다. 그러므로 휴머노이드는 인간의 감정이 맞닿게 하려고 만든 플랫폼입니다. 만남과 고독이라는 인간의 사회성을 모두 충족하기 위해서 만든 결과가 휴머노이드입니다. 흡사 연인과의 관계와 비슷합니다. 무언가에 척척 답을 내주는 연인도 좋지만 가끔은 어수룩하고 바보 같은 연인에게서 정을 느끼는 게 인간입니다.

머지않아 일부러 바보처럼 행동하는 '바보 로봇'이 나올지도 모르겠습니다. 인간성의 소유욕, 탐구욕, 사회욕, 성공욕을 모두 갖춘 인공성의 결과가 인공지능 로봇이라고 해도 좋겠습니다. 우리 역사에서 평강공주와 온달은 서로가 서로의 플랫폼이 되어주었습니다. 인간과 휴머노이드의 관계도 이럴 수 있습니다. 인간이 만든 인공지능을 보고 인간이 배우는 게 있는 것처럼, 인공지능을 보고 인간이 이를 오히려 따라 하려고 하는 것처럼, 우리가 로봇을 보고 로봇을 닮아가려는 마음도 생깁니다. 한때 인기 많았던 로봇춤은 어찌 보면 이런 특성을 보여주는 것은 아닐까요? 인간은 이렇게 자기가 만든 로봇성(인공성)을 오히려 인간에 투영했습니다.

인간에게는 무언가를 인간처럼 보고 싶어 하는 본능이 있습니다. "야, 저거 사람 같다."라고 하는 것은 소위 인간의 의인화 본능입니다. 일명 파레이돌리아 _Pareidolia_ 현상입니다. 이런 심리 현상은 오래전부터 인간에게서 보이는 본성입니다. 파레이돌리아 현상이란 구름, 절벽 등에서 사람 얼굴 형상을 찾아내는 심리 현상입니다.

인간의 뇌는 사회적 상호작용을 위해 주변 사물에서 사람의 특징을 찾으려는 경향이 있습니다. 불쾌한 골짜기 _Uncanny Valley_ 현상도 인간의 인격화 본성에서 기인합니다. 불쾌한 골짜기 현상이란 로봇이나 3D 애니메이션이 인간과 너무 비슷하지만, 완벽하지 않을 때 사람들은 느끼는 거부감입니다. 이러한 현상은 인간이 자기를 대신하는 것에 대한 플랫폼 확장의 측면에서 휴머노이드를 만들고 있다는 생각을 하게 합니다.

휴머노이드가 또 다른 자기 인격체가 될 때 자기가 움직이는데 버벅거리면 좋아할 사람이 없습니다. 이런 버벅거림 또한 불쾌함의 요인이 됩니다. 그러니 원활하게 돌아갈 기술이 필요합니다. 여기서 또 인공지능 기술을 이용해야 할 수밖에 없습니다. 인간이 인공지능을 한번 손에 쥐고 나니 정말 별의별 곳에 인공지능 기술이 쓰입니다. 휴머노이드만이 로봇은 아닙니다. 인간을 어설프게 따라 하는 것보다는 아예 다른 존재로 구현하는 게 좋을 수도 있습니다.

소리만으로 소통하는 로봇이 더 인기가 있을 수 있습니다. 아주 작디작은 공간조차 인공지능 로봇이 될 수도 있습니다. 휴머노이드는 만져질 수 있는 디지털성입니다. 디지털 속으로 인간성을 투입하는 것도 가능하지만, 인간의 세계로 디지털성을 빼내는 것도 가능합니다. 가령 이런 생각을 한번 해볼 수도 있을 것 같습니다. '다른 세상으로 인간이 맞닿기 어렵기 때문에 인간을 닮은 로봇을 보낸다?' 이는 신이 자기를 닮은 인간을 만들었던 것과 같은 생각입니다.

PART IV

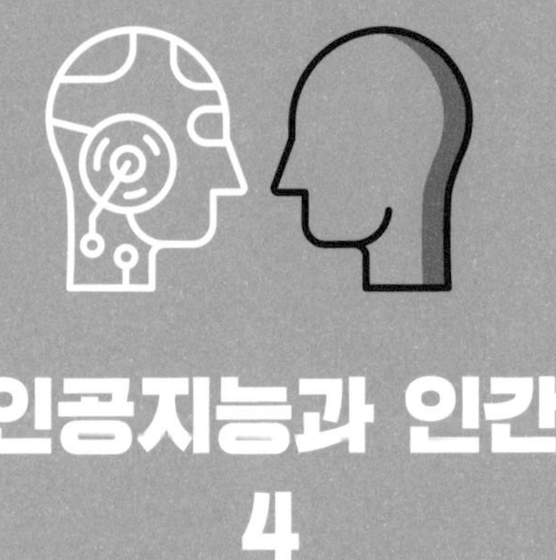

인공지능과 인간

4

PART IV

PART IV

8장

나와 인공지능

우리가 학습하는 모든 것은 앞으로의 인공지능 모델도 모두 흡수하게 될 겁니다. 지금부터는 인공지능이 삶의 풍경이 된 시대에 '내가 무엇을 할 수 있는가?'라는 해결책에 포커스를 맞춰보겠습니다. 요새 인공지능 모델을 이용하는 사람들은 많아졌습니다. 이러한 게 정말로 인공지능을 배우는 것일까요? 인공지능을 배운다고 하면서 실제로는 인공지능 모델의 매뉴얼을 배우는 것은 아닐까요? 누군가가 만든 연산 방식을 따라 하는 것은 아닐까요? '인공지능을 배운다'는 것은 인공지능의 원리와 구성, 컴퓨터와의 소통 방식(즉, 언어), 인공지능 모델(제품)의 매뉴얼을 습득하는 것 모두를 가리킵니다.

인공지능이 공기와 같은 시대가 되었으므로 우선, 인공지능과 휴머노이드(지능감각인공성)를 자기 삶의 풍경으로 받아들여야 합니다. 시골에서 도심으로 오면 도심답게 생각이 바뀝니다. 머리와 마음에 '도심스러움'이 생기고 거기서부터 생기는 영감이 또 있습니다. 서둘러 '인공지능스러움'을 마음에 품어야 합니다. 인공지능을 어떻게 사용할지에 대해서 말입니다. 그리고 두 번째는 '원리 이해-기술 파악-기술 적용'입니다. 이 책에서 계속 강조하는 바입니다. 원리를 알고 기술로 적용하는 방법을 배워야 합니다. 동시에 원리만 알고 기술을 모르는 절름발이식 교과과정에서 빠져나와야 합니다. 인공지능이 본격적으로 세차게 인공지능스러움을 나타내는 세상에서 머지않아 지구는 사막이나 바다나 할 것 없이 완전한 전파 그리드grid가 됩니다. 조금씩 그러나 완벽하게 인공지능이 마치 생물체처럼 자기만의 생태계를 구축합니다. 사실 인간이 그렇게 만든 것이지요. 결국 지구에는 산소를 만들어 내는 자연계, 인간계, 인공지능계가 공존하는 모습이 만들어졌습니다. 여기에 모든 인간이 들어가는 세상이 본격적으로 나타납니다. 이렇게 해서 기계로 만든 무無 기계 가상 세계가 열리게 됩니다. 이른바 확장 현실의 모습으로 말입니다.

확장 현실*XR. Extended Reality*은 전적으로 인공지능 모델을 통해서 구조가 만들어지기 때문에 이 원리를 알고 적용할 기술을 갖고 있어야 참여할 수 있습니다. 쉬운 예로 학교에서 공작 숙제를 내주면 작품을 만들고 이를 모두가 공유할 수 있도록 디지털 3D 모델링을 하고 서버에 올립니다. 스크린에 띄우는 문서 프레젠테이션은 더 이상 하지 않습니다. 대신 허공을 이용합니다. 허공을 이용한 공감각형 프레젠테이션이 가능해져 인공지능 모델은 마치 우리가 살고 있는 곳이 디지털 속인지, 디지털이 우리가 살고 있는 곳에 존재하는지 그 경계를 착각하게 만듭니다. 인간이 만든 인공계가 인간계와 나란히 존재합니다. 결국 별도의 장치 없이도 허공이 인간계와 인공계가 만나는 지점이 되어 교류와 소통의 공간이 됩니다. 그러므로 확장 현실을 만들고 그 안에서 무언가 할 수 있는 기술을 지금부터 준비해야 합니다.

1990년대 초까지만 해도 도스*DOS*로 컴퓨터를 구동하던 시절이었습니다. 컴퓨터 운영체계가 인터페이스*Interface* 시스템으로 바뀌기 전입니다. 명령문을 입력해야 컴퓨터가 작동하는 도스를 써 본 세대가 컴퓨터 언어에 대해 오히려 후대 디지털 세대보다 더 익숙했습니다. 원리의 기술 적용을 해보았기 때문입니다. 태어나 보니 인터페이스로 작동하는 컴퓨터가 있던 세대는 컴퓨터의 원리를 알려고 하지 않습니다. 이 원리와 기술 적용 방법은 소프트웨어를 만드는 사람이나 컴퓨터를 고치는 사람만이 알아야 하는 것이 아닙니다. 컴퓨터 운용을 특정인의 기술로 생각하는 이 지점부터 잘못되기 시작했습니다. 디지털 세상이 되면서 원리와 기술과의 괴리가 너무도 커졌습니다. 인공지능에 대한 공포도 여기서부터 시작한 것입니다.

아날로그에서 디지털로의 전환에서 인공지능은 그 모습이 확연히 드러났습니다. 인공지능의 생명력은 바로 이 전환력에 있습니다. 그러므로 인공지능의 원리와 기술을 알고 적용하기 위해서는 전환을 스스로 느껴봐야 합니다. 그래야만 지능감각인공성 로봇이 풍경이 된 시대를 따라갈 수 있습니다. 전환을 느낄 수 있는 한 예로 외국어 배우기가 있습니다. 의사소통이라는 실용적인 목적을 배제한 채 오로지 두 언어 사이의 전환 과정만을 느끼기 위한 외국어 공부를 해보면 그때야 전환력이라는 것이 어떻게 생겨나는지 왜 중요한지, 어떻게 디지털 인공지능 개발에 전환이라는 성질이 대입되는지를 비로소 이해할 수 있습니다.

사실 모든 교과목은 전환이라는 번역의 메커니즘을 기저에 놓고 있습니다. 수학이 대표적입니다. 수학은 인간의 말(자연어)이 기호로 바뀌는 전환 체계입니다. 예술은 사고가 상징으로 바뀌는 전환 체계입니다. 전환력을 높이는 것이 인공지능 시대에 경쟁력을 높이는 방법입니다. 전환력을 갖춘다는 게 그렇게 쉬운 일은 아닙니다. 예를 들어 우리말을 외국어로 번역할 때 가장 먼저 부딪히는 전환의 난제는 한국어를 외국어로 단박에 바꿀 수 없다는 사실입니다. 영어의 예를 들어보겠습니다. 한국어를 영어로 번역할 때 한국어를 한국어로 먼저 바꿔보고 나서 영어로 바꾸는 단계가 필요합니다.

한국어에는 단어에 여러 층위가 존재합니다. '사람들은 그가 풍기는 사소한 미적 감각을 어렴풋이 느낄 뿐이었다.'라는 문장을 영어로 번역한다고 해봅시다. '풍기는', '사소한', '미적 감각', '어렴풋이'라는 한국어를 바로 영어로 순식간에 바꿀 수 있다면 좋겠지만 그전에 저 단어가 갖는 한국어 층위를 따져서 너무 층위가 높다면 낮은 층위의 단어로 바꿔야 합니다.

영어에 익숙하지 않은 사람이라면 사전을 보고 단어를 찾을 텐데 이럴 경우에 단어의 적합성이 보장되지 않습니다. 영어가 쓰이는 풍경에 익숙하지 않다는 말입니다. 그렇다고 영어의 풍경에만 익숙하다면 또 한국어의 풍경에 맞는 문장을 찾지 못하게 됩니다.

"야, 말 조심해!"
"오, 이거 작살이다!"
"책임을 묻겠다."
"이거 약발 제대로다!"

위의 문장을 영어로 번역해 보세요. 이런 표현이 쉽게 번역되지 않는다면 모르는 영어 단어가 있어서라기보다는 저런 문장이 한국어 풍경 어디에서 쓰이는지 모르고, 이 문장을 어떤 한국어로 바꿀 것인지 찾아내지 못하는 한국어–한국어 간 의미의 전환이 안 되고 있다는 말입니다. 한국어 내에서 언어 간 층위 전환이 막혔다는 의미입니다. 이럴 때 농담 삼아 혹자는 "어떤 사람은 5개 국어를 한다는데, 나는 0개 국어다."라고 합니다.

흔히 문학 작품 해석에서 말하는 '행간을 읽는다'는 표현도 전환을 설명하는 말입니다. 앞 뒤의 맥락을 살펴서 같은 말이라도 다르게 해석할 수 있어야 합니다. 위에 나온 문장을 번역할 때 머릿속에서 어떤 움직임이 있는지 한번 느껴보기를 바랍니다. 아니면 우리가 일상에서 말하는 것을 수학적 기호로 옮겨보세요. 노래 가락을 음표로 바꿔보세요. 내 생각을 다른 사람이 직관적으로 알 수 있는 메타포로 묘사해보세요. 무언가를 전환할 때 머릿속에 어떤 움직임이 있다면 그것이 바로 직관성, 추상성입니다.

영어 단어를 많이 알고 있다고 해도 적절한 한국어와 매치시킬 수 없다면 온전한 번역이 나올 수 없습니다. 한국어에는 한자도 있기 때문에 언어의 층위가 복잡합니다. 이런 것을 무시하고 무작정 단어를 쭉 늘어놓기만 한다면 번역이 아니라 영어 단어의 나열에 불과합니다. '책임을 묻겠다'에서 '묻다'가 몰라서 물어보는 게 아닙니다.

단순히 단어의 뜻을 알고 있느냐의 문제라기 보다는 단어와 문장이 가지고 있는 느낌과 의미하는 바를 먼저 알아야 합니다. 좋은 번역을 위해서는 우선 영어를 사용하는 사람의 입장이 돼봐야 합니다. 이러한 언어 간 맥락 전환은 번역의 기본입니다. 이런 것을 번역계에서는 뉘앙스 파악이라고 불러왔습니다. 지금은 외국어 간 번역이 인공지능 모델인 인공지능 번역기 덕분에 손쉬워졌습니다. 인공지능 번역기가 상황의 맥락을 파악하는 수준으로 발달했기 때문입니다. 이처럼 인공지능 번역기를 만든 사람들은 번역의 원리를 알았고 아날로그 번역을 디지털로 나타내는 기술력을 갖고 있었기 때문에 번역과 디지털의 원리와 기술 적용에 문제가 없었습니다. 그 결과 인공지능 번역기라는 인공지능 모델이 완성된 것입니다. 정말 많은 사람들이 좋은 인공지능 번역기를 만들기 위해 노력했습니다. '원리 이해-기술 파악-기술 적용'의 성공적인 사례입니다.

인간의 창의력으로 인공지능이 나타났지만, 인공지능도 인간을 위한 창의력 계발 도구일 수 있습니다. 지금 인공지능 기술이 들어간 통역 서비스, 번역 서비스가 개발되었으나 그렇다고 해서 사람들이 외국어를 안 배우지 않습니다. 오히려 외국어 실력을 갈고닦는 데에 인공지능 통·번역기를 사용합니다. 자기의 번역과 비교할 수 있기 때문입니다. 인공지능 번역기가 나의 파트너가 되는 겁니다. 이렇게 인공지능 서비스의 쓰임새를 바꿔서 인간지능 계발을 위해 쓸 수도 있습니다.

기술이 적용된 결과를 역으로 더듬어 가면서 기술을 이해하고 원리를 터득한다면 오히려 원리부터 파악하려고 너무 애쓰지 않아도 됩니다. 이 또한 전환에 대한 기술을 배울 수 있는 방법입니다.

인간이 인공지능 모델을 만들었지만 오히려 인간이 인공지능 모델로부터 배우는 게 있습니다. 이는 인공지능이 인간의 내면을 이롭게 하는 사례입니다. 인공지능의 출현으로 우리 모두가 창의력을 키울 수 있는 장이 크게 마련되었습니다. 이처럼 결과를 위한 도구로 인공지능을 사용하기도 하지만 과정을 위한 학습 도구로도 얼마든지 사용할 수 있습니다. 인간이 생각하는 것들이 인공지능을 통해서 실현됩니다. 그리고 이를 교과과정에 활용하는 겁니다.

이전에는 생각만으로 머물렀던 것들이 보다 쉽게 구현되고 이 과정을 통해서 인공지능 모델 사용자는 모두가 인공지능 학습자가 됩니다. 원리가 기술이 되는 흐름을 볼 수 있기 때문입니다. 말로만 설명했어야 하는 것들을 눈앞에 내놓을 수 있게 되고, 과정의 실체를 확인할 수 있습니다. '원리 이해-기술 파악-기술 적용'을 역으로 '기술 적용-기술 파악-원리 이해'로 바꿔버리는 겁니다. 따라서 인공지능 모델을 '지능 계발 장난감', '창의력 장난감'이라고 해도 좋을 것입니다.

예를 들어 수학적 개념, 수식, 도형을 그래프나 3D 모델로 시각화해 주는 인공지능 모델은 복잡한 수학을 직관적으로 이해하는 데 큰 효과가 있습니다. 물리학에 쓰이는 공식을 이용해 시뮬레이션을 하는 인공지능 모델도 큰 도움이 됩니다. 미술, 음악 등도 인공지능 모델을 이용하면 새로운 직관성을 마주할 수 있습니다. 아래에 나오는 사이트로 들어가보세요. 말을 그림으로 설명하고 직접 만들어 볼 수 있게 해서 '백문불여일견百聞不如一見, 백견불여일행百見不如一行'을 구현해주는 모델들입니다. '왜 이런 게 진작부터 없었을까?'라는 생각이 들기 시작할 겁니다.

https://www.mathgptpro.com

https://www.desmos.com

https://www.geogebra.org

https://www.wolframalpha.com

https://www.iweaver.ai/agents/ai-graphing-calculator

https://mathsolver.microsoft.com

https://artlist.io

https://www.midjourney.com

저는 이러한 인공지능 모델을 '천재들의 합창'이라고 부릅니다. 세상을 이끌어가는 시대의 천재가 시대마다 있습니다. 철학자에서 시작해서 파생한 각 분야의 천재들이 세상을 더 좋게 만들어왔습니다. 지금의 인공지능 모델은 천재들이 만든 결과물입니다. 천재사람이 만든 인공지능이라는 함수의 탈을 쓴 천재들의 뇌의 현현은 천재인 자기뿐만 아니라 다른 사람들도 이롭게 했고, 더 나아가 모두가 천재성을 공유할 수 있게 했습니다.

천재성의 확산은 다른 모든 사람에게 영감과 통찰력을 제공하고 또 다른 천재적인 사고를 하게 하는 선순환을 일으킵니다. 앞으로는 인공지능 모델을 이용할 때마다 이렇게 생각봅시다. 인공지능 모델을 통해서 천재들에게 한 수 배우기! 천재들이 인공지능을 설계하고 기계에 합쳤습니다. 그래서 지능감각인공성 로봇, 인공지능 모델이 나왔습니다. 천재들이 만든 장치를 이용해서 '천재 따라잡기'를 해보는 겁니다. 인공지능이 들어간 것들을 이용해서 우리도 그들처럼 되어 보는 겁니다. 일종의 '추상성 대중화', '창의력 민주화'라는 것입니다. 이런 식으로 따라 하다 보면 인공지능으로 커가는 자기를 발견할 수 있습니다. 그리고 역으로 인공지능을 내가 키울 수도 있습니다.

어떻게 인공지능을 키우냐고요? 인공지능을 개발하는 곳에서 가장 원하는 게 무엇일지 생각해 보면 답이 나옵니다. 어떻게 하면 조금 더 강력한 인공지능 모델을 손에 쥘 수 있을까요? 인간의 어떤 면을 보면 그게 가능할까요? 어떤 사람이어야 그런 인공지능을 만들 수 있을까요? 인공지능의 좋은 재료를 알면 내가 인공지능을 키울 수도 있는 것입니다. 인공지능도 그렇고 인간지능도 그렇고 모든 지능은 전환의 힘에 달렸습니다.

저는 3D 모델링 소프트웨어인 블렌더*Blender*로 역사와 문학을 가르칩니다. 수업명은 '3D 타임머신', '디지털 큐레이션', '디지털역사문화콘텐츠', '문학적 상상력의 3D 구현', '인문-디지털 가상현실의 문자적 경험'입니다. 철학의 존재론과 인식론을 가르치기에 안성맞춤입니다. 선뜻 이해되지 않겠지만 3D 모델링 소프트웨어를 쓰다 보면 문학의 메타포도 많이 사용하게 됩니다. 역사책, 문학책에서 벗어나 직접 인공지능 모델을 역사와 문학을 배우는 데에 활용하는 새로운 실천적 교육 접근법입니다. 디지털의 원리 이해-기술 파악-기술 적용의 좋은 방법입니다.

제 수업의 목표는 블렌더로 취업을 하게 하려고 가르치는 것이 아니라 인문학적 소양을 디지털 기술로 전환하는 경험을 하게 하기 위함입니다. 인공지능이 사회 전면에 나선 시대에 교육철학은 바로 이런 게 아닐까요? 블렌더 안에는 물리엔진이 있습니다. 다른

3D 모델링 소프트웨어에도 있습니다. 세상을 손끝으로 이해하기에 이 물리엔진이 요긴하게 쓰입니다. 물리 세계에 관한 시뮬레이션을 해볼 수 있기 때문입니다. 요새 많은 실험이 이런 물리 시뮬레이션에 의해 완성되었습니다.

3D 모델링 소프트웨어가 발달한 데에는 인간의 메타포 기질이 큰 몫을 했습니다. 앞서 말했듯이 '만약에 ~라면', '~듯이', 'A=B' 등의 메타포 성질이 인간의 가상성을 담당합니다. 시나 소설 등의 문학에서는 빠지지 않는 것들입니다. 그림에서도 이런 메타포 분위기가 나올 수 있습니다. 이러한 가상적 표현을 조금 더 실감나게 하려면 어떻게 해야 할지 게임공학자들이 고민했고, 그 결과로 나온 것이 3D 모델링 소프트웨어입니다.

예를 들어 게임에 적용하기 위해서 모델링을 할 때 어떤 부분에서는 '비가 오는 듯한' 장면이 필요하고 또 어떤 부분은 마치 '지진이 일어나듯이' 연출하고 싶다면 어떻게 해야 할지 고민하던 연구자들이 마치 비가 오는 듯한, 지진이 일어나는 듯한 장면을 제작하기 위해 만든 것입니다. 동굴 벽에 벽화를 그리던 원시인이나, 조선시대 산수화를 그리던 겸재 정선이나, 21세기에 3D 모델링을 하는 게임 개발자나 할 거 없이 모두 사용하는 기법은 다르지만 모두 같은 생각을 하면서 살았던 것입니다.

지금은 생성형 인공지능을 활용한 RPG*Role Playing Game*에서 이런 면이 두드러지게 활용됩니다. 물리엔진과 NPC*Non Play Character*가 모두 인공지능을 이용하여 조금 더 실감 나고 조금 더 시공을 초월하는 감각을 제공하여 게임 사용자가 마치 다른 곳에 있는 것처럼 느끼게 합니다. 가상성으로의 전환은 감각적으로 다채로운 메타포를 경험하는 데에서부터 시작합니다.

생성형 인공지능을 활용한 RPG의 구성 사례도 살펴 보겠습니다. 가령 무無의 상태에서 한국을 세우는 게임을 만든다고 해봅시다. 한국의 군인, 한국의 화가, 한국의 가수, 한국의 의사, 한국의 학자 등을 NPC 캐릭터*Non-Player Character*로 만듭니다. 캐릭터와 배경은 블렌더로 만듭니다. 이들의 도움을 받아 아직 알려지지 않은 초기 한국을 21세기의 현시점 상태로 완성하는 것이 게임의 목표입니다. 한국이 완성되면 게임은 끝납니다. 한국을 모르는 RPG의 플레이어가 게임에서 하는 일은 한국의 역사를 왜곡 없이 만드는 것입니다. 중간에 역사를 왜곡하는 캐릭터가 수시로 등장해서 플레이어를 방해하려고 공격합니다.

RPG에서 NPC는 무언의 조력자 역할을 합니다. 이 NPC를 제대

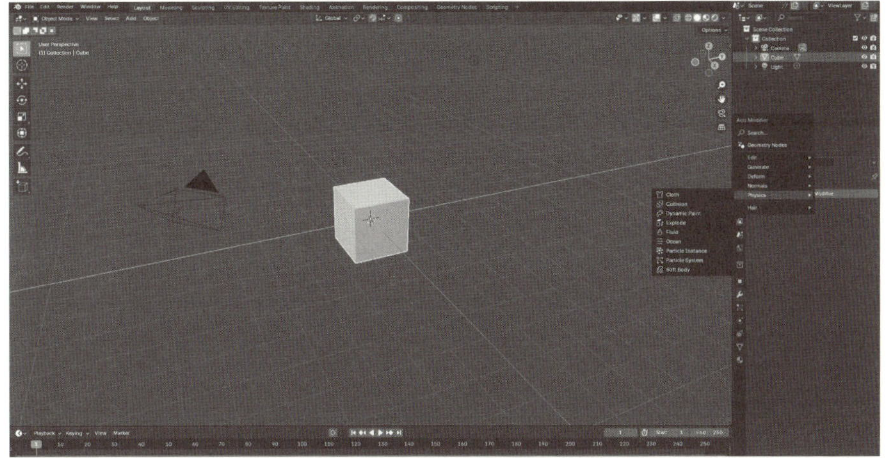

그림 5. 블렌더 인터페이스

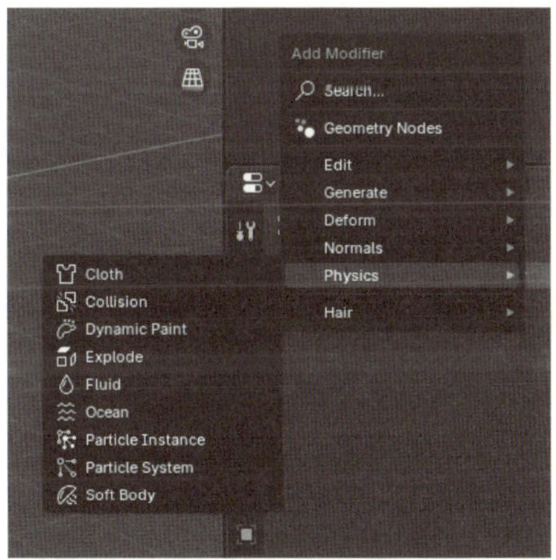

그림 6. 블렌더 물리엔진

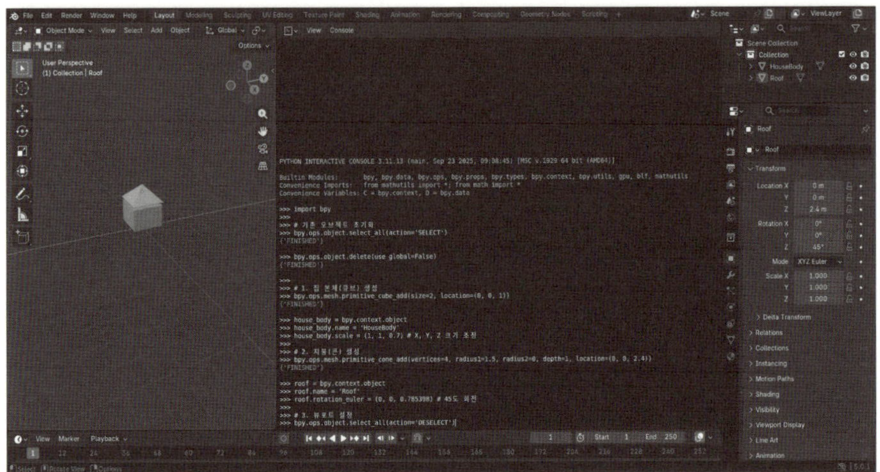

그림 7. 파이썬으로 블렌더 모델링

로 만들지 못하면 플레이어는 올바른 게임을 할 수가 없습니다. 이런 생각과 기술에서 XR은 시작합니다. 가상의 한국인을 제대로 만들어야만 게임이 유지됩니다. 이런 캐릭터를 만들 때 무엇을 할 수 있을지 생각해 보세요. 게임 구현을 위한 기술적 솔루션을 맡아서 제공해줄 사람은 많습니다. 인공지능 모델이 그런 일을 아주 쉽게 해줄 수도 있습니다. 그보다 중요한 건 인공지능 모델 개발과 운용 같은 인공성을 활용하여 프로젝트의 계획을 떠올리는 아이디어입니다. 전환이 만들어내는 아이디어 말입니다.

블렌더 물리엔진은 연체*Soft Body*, 유체*Fluid*, 천*Cloth* 등 다양한 물리 효과를 내장하여 실시간 및 렌더링 시뮬레이션을 지원하는 오픈소스 기능입니다. 중력, 충돌, 점성 등 자연스러운 역학 계산을 통해 높은 수준의 시뮬레이션을 제공합니다. 이런 물리엔진에도 인공지능이 활용됩니다.

기존의 물리엔진은 미리 정의된 법칙(if-then 구조)에 따라 계산하므로 지능을 가졌다고 볼 수는 없습니다. 데이터 기반의 판단보다는 결정론적인 계산을 수행합니다. 그러나 요새 들어 물리엔진은 인공지능 모델로 변모하고 있습니다. 인공지능이 전통적인 방식보다 수십 배 빠르게 물리적 상황을 예측하고 시뮬레이션합니다. 실제 세상의 물리 법칙을 반영하는 인공지능 엔진을 사용하여 로봇의 동작을 학습시키거나 가상 세계를 구현하기도 합니다.

블렌더로 파이썬 배우기도 인공지능 모델을 익히는 데에 좋은 접근법입니다. 파이썬으로 만들어진 블렌더는 파이썬 언어를 통해 3D 모델링이 어떻게 일어나는지 즉각적으로 그 결과를 볼 수 있습니다. 이렇게 해서 만들어진 모델링의 결과는 XR에 활용되고, 또 사용자는 XR 활용 방법을 모델링을 통해서 익힐 수도 있습니다. 이렇게 자기만의 방식으로 인공지능 모델을 적용해 보는 게 중요합니다. 2025년 미국에서 프로그래머 일자리는 27.5% 감소했지만, 소프트웨어 개발자는 0.3%만 줄었습니다. 무슨 의미일까요? 프로그래머는 지시에 따라 코드를 작성합니다. 그러나 개발자는 고객의 니즈를 파악하고 솔루션을 설계합니다. 생성형 인공지능이 지루한 반복 업무를 처리하는 사이에 개발자는 창의적인 일에 집중합니다.

스마트 안경이 지금의 스마트폰을 대체하는 시대가 오면 3D 모델링 소프트웨어 블렌더는 디지털 소비자를 디지털 제작자로 만들어 주는 주요 메소드가 될 겁니다. 스마트 안경에서 보여줄 AR(증강현실) 콘텐츠를 블렌더로 제작합니다. 그리고 블렌더의 VR(가상현실) 기능을 활용하여, 3D 뷰포트를 VR 스마트 안경으로 실시간 전송하면 3D 모델을 입체적으로 관찰할 수 있습니다. 스마트 안경을 제2의 모니터로 활용하여 블렌더의 뷰포트를 안경에 표시하고, 메인 모니터에서는 UI/도구를 사용하는 방식의 작업 공간 구성도 가능합니다.

처음부터 끝까지 전환에 관해서만 설명하는 강의는 없습니다. 그런 강의는 있다고 해도 원론에 해당하는 설명에 불과합니다. 전환에 대한 아이디어는 각자 자기 몫입니다. 인공지능 제품 활용하기도 인공지능의 성질을 알아가는 방법입니다. 그러나 정작 중요한 것은 인공지능을 만들어봐야 한다는 것입니다. 누군가 만들어놓은 것을 활용하기만 하는 것은 좋은 학습이 아닙니다. 전환의 연습이 결과를 활용하는 역량보다 더 중요합니다.

인간은 플랫폼을 개발하면서 전환의 시대를 계속 넘어왔습니다. 이 전환의 역사 속에서 '나는 무엇을 할 수 있을까?'를 찾아야 합니다. 아궁이를 집안으로 들여온 온돌 시스템이나 음식 대신 만든 비타민 알약 등이 플랫폼 전환기에 나온 생각입니다. 여러분 나름의 전환의 연습을 해보기를 바랍니다. 문학으로 해도 좋고, 몸짓으로 해도 좋습니다. 모든 것의 연원을 따라잡기, 파헤치기를 통해서 알고리즘을 배울 수 있습니다. 코드의 기원도 찾아보는 겁니다. 이렇게 무언가를 찾아 나서는 역사 공부는 다름 아닌 알고리즘 수업입니다.

산업화 시대에 우리는 연산을 하기 위한 수학, 시험 문제를 풀기 위해 문학을 배웠습니다. 인공지능을 제대로 구현하려면 수학 원리와 문학 원리로 컴퓨터 원리를 배울 수 있어야 합니다. 이를테면 문학 교과에서 가르치는 내용은 함축성과 직관성을 높입니다. 이는 지능에 상당한 영향을 끼칩니다. 이렇게 일면 인공지능과는 관런이 없다고 여겨지는 과목들을 인공지능 풍경 속에서 다시 생각해 보면 모두 인공지능 개발로 수렴될 수 있는 것들입니다. 달리 말하면 인공지능 개발을 가능하게 했던 요소와 인간에게 문학을 가르쳤던 사실 사이에는 통하는 게 있습니다. 그동안 인간이 문학을 접하지도 않고 배우지도 않았더라면 인공지능 개발은 불가능했습니다.

애플의 창업자 스티브 잡스*Steven Paul Jobs*가 인문학과 철학을 흠모했던 이유도 여기에 있습니다. 마크 저커버그*Mark Zuckerberg*도 컴퓨터 과학과 함께 고전 문학(심리학)을 공부했습니다. 라틴어와 히브리어에 능통한 인문학 마니아입니다. '알고리즘의 아버지'라고 불리는 도널드 커누스*Donald Knuth*은 성경의 특정 구절을 분석하는 등 종교와 역사를 공부하며 기술의 근본적인 이해와 철학적 탐구를 중요시했습니다. 팔란티어의 창업자인 알렉스 카프*Alexander Caedmon Karp*는 철학을 전공했습니다. 철학, 문학, 역사를 기술과 접목해서 가르치는 시도가 아직은 우리 교육계에 없었기 때문에 우리는 맹목적으로 늘 해오던 대로만 했을 뿐입니다. 그러니 학과목이란 시험 볼 때만 필요한 교과목이었던 것입니다. 당연히 '수포자'가 나올 수밖에 없었습니다. 우리가 초중고에서 배우는 모든 것이 인공지능이 배우고 싶어 하는 인간의 지능을 만든 재료들입니다. 그런데 지금까지는 인공지능과 연관 지으려는 생각으로 교과과정을 만들지 않았기 때문에 교과목 따로, 인공지능 따로 놀았습니다. 그렇다고 별도의 인공지능 교과목을 만드는 것이 능사가 아닙니다. 이는 오히려 인공지능 교육을 방해할 수도 있습니다.

전환 수업의 예를 한번 들어보겠습니다. 여기 힘이 센 무언가가 있습니다. 이를 접하고 교과별로 표현해 보면 어떻게 할 수 있을까요? '힘이 세다'는 뜻의 powerful, strong, kräftig, robusto 등의 외국어로 바꿀 수 있습니다. 물리에서 '힘이 세다'는 것은 (F=ma) 공식을 이용할 수 있겠고, 수학에서는 다른 요소를 압도하는 사실을 가리키므로 부등호(>)를 사용하거나 절댓값(|a|)을 이용해서 나타낼 수 있습니다. 화학에서도 숫자로 표현합니다.

문학에서는 대상의 압도적인 물리적 능력을 생생하게 전달하기 위해 메타포로의 전환을 꾀합니다. '곰 같은 힘', '황소의 기운', '공기를 찢는듯한 날카로운 비명' 등의 표현입니다. 역사는 시간이라는 추상 플랫폼에 기록이라는 형태 플랫폼을 사용해서 표현할 수 있습니다. 고려 시대의 무인 척준경拓俊京이라는 이름을 써놓으면 사람들은 직관적으로 '힘이 세다'를 떠올릴 수 있습니다. 여기까지는 글자로 생각을 표현하는 차원의 전환입니다.

'힘이 세다'는 것을 체육, 미술, 음악에서 생각 표현의 전환을 하려고 한다면 어떻게 할까요? 우리는 몸으로 할 수 있는 범위를 넘어서 어떤 도구를 이용해야겠다고 생각하기 시작합니다. 손가락으로 하던 일을 무언가 손가락을 대신하거나 손가락을 연장해서 할 수 있도록 말입니다. 먼 옛날 원시인들은 새의 뼈로 악기를 만들었습니다. 신석기 시대를 살던 사람들은 짐승의 털을 나무 막대 끝에 고정해 붓을 만들었습니다. 손가락을 대신할 도구(원리 이해)인 붓을 만들고(기술 파악), 붓의 특성대로 그림을 그렸습니다(기술 적용). 붓은 또한 기록의 도구(플랫폼)로도 활용되어 수많은 기록(플랫폼)을 남겼습니다. 이렇게 해서 소리 큰 악기를 만들어 세게 불고, 세게 그릴 수 있는 붓으로 그림을 그림으로써 '힘이 세다'를 표현했습니다.

각각의 수업 교과가 어떻게 세상의 일을 전환하는지 살펴보아야 합니다. 세상을 보는 방법을 이렇게 여러 다른 방식으로 드러내는 연습을 하다가 보면 전환의 힘이 길러지게 되어 있습니다. 이런 방식으로 모든 과목을 아이들에게 가르치는 교사, 교수가 있다면 지금 시대 최고의 선생님입니다. 혼자서 모든 것을 다 가르칠 수 있어야 진정한 교육자입니다. 전공별로 "이건 내 전공이 아니라서…"

라고 말끝을 흐리는 핑계를 대지 않는 교사, 교수들이 점점 더 많아지기를 바랍니다. 서점의 베스트셀러 칸에는 고대·중세의 철학자가 쓴 책이 늘 자리합니다. 이들의 사상을 읽는 사람들은 많지만, 이들처럼 가르치려는 모습을 지닌 교사, 교수는 좀처럼 보기 어렵습니다.

혼자 모두 다 해보려고 하는 교사, 교수의 모습이 학교 풍경을 달라지게 할 수 있습니다. 역설적이나 인공지능 모델 같은 사람의 인간지능이 나와야 합니다. 살아있는 인간 인공지능 모델이 나와야 합니다. 사람은 은연중 옆에 있는 사람을 따라 합니다. 학생들은 더욱 그러합니다. 학생들이 따라 할 롤모델이 교사, 교수 중에 나와야 합니다. 재밌는 건 인공지능 기술이 확산한 세상이 되어가면서 철학을 권하는 사람들이 점점 더 많아지고 있습니다. 그러나 철학자의 멋진 명언에만 빠진 사람들이 많습니다. 과거의 철학자란 사상가이자 물리학자이기도 화학자이기도 언어학자이기도 역사학자이기도 천문학자이기도 기계공이기도 했습니다.

이들을 폴리머스Polymath, 博學者(박학자)라고 부릅니다. 철학을 통해 이성적 사유로 세상을 탐구하고, 관찰과 실험을 통해 원리를 규명하며, 이를 기술로써 실제 도구와 기계로 구현했습니다. '원리 이해-기술 파악-기술 적용'에 딱 맞는 사람들이었습니다. 기원전 6세기의 탈레스_Thales_(기원전 640~546)는 '최초의 철학자'입니다. 만물의 근원을 물로 본 자연철학자입니다. 동시에 기하학을 발달시킨 기술자였습니다. 아리스토텔레스_Aristotle_(기원전 384~322)는 철학자이면서 생물학, 물리학, 천문학 등 자연과학 전반을 체계화했습니다. 아르키메데스_Archimedes_(기원전 287~212)는 부력의 원리와 지레의 원리를 발견했고, 나사, 도르래 등 전쟁과 실생활에 쓰이는 기계를 설계했습니다. 히파티아_Hypatia_(350/370~415)는 알렉산드리아의 철학자이자 수학자, 천문학자로 천체 관측 기기인 아스트롤라베_Astrolabe_와 비중계比重計를 제작했습니다.

중세에 들어 이슬람이 황금기를 맞으면서 여러 폴리머스들이 나타났습니다. 이븐 알 하이삼_Ibn al-Haytham_(965~1040)은 '광학의 아버지'로 불리며 카메라 옵스큐라_Camera Obscura_의 원리를 밝혀낸 기술적 능력을 갖춘 철학자이자 과학자였습니다. 알 자자리_Al-Jazari_(1136~1206)는 '로봇 공학의 아버지'로 불립니다. 오토마타_Automata_(자동기계장치, 자동인형), 물시계, 펌프 등을 설계했습니다. 알 비루니_Al-Biruni_(973~1050)는 천문학, 지리학, 철학, 약학 등 다방면에 능통했던 페르시아의 폴리머스입니다. 지구의 반지름을 측정하는 데 과학적 기술을 활용했습니다.

르네상스 시대에는 레오나르도 다 빈치*Leonardo da Vinci*(1452~1519)가 대표적인 폴리머스입니다. 예술가, 기술자, 과학자, 생물학자, 철학자의 면모를 모두 보여주었습니다. 현대의 교류 시스템을 설계한 니콜라 테슬라*Nikola Tesla*, 증기 기관의 선구자 리처드 트레비식*Richard Trevithick*, 그리고 16세기 기계공학 혁신을 이룩한 타끼 앗딘*Taqi ad-Din Muhammad ibn Ma'ruf*같은 과학자 겸 기계공학자 모두 자연 현상의 원리를 철학의 차원에서 이해하고, 이를 실생활에 응용할 수 있는 장치와 기구를 만들었습니다.

자본에 철학이 잠식당하기 전까지는 우주가 인간의 삶의 한 부분이었습니다. 저 당시는 자기 말고 다른 누군가에게 학문적으로 의존할 수 없던 시기였기 때문에 어떤 문제든 혼자서 낑낑거리며 해결하려고 했습니다. 그러다 보니 머릿속에는 빅데이터가 자기화되기 시작했습니다. 물리학, 화학, 생물학, 천문학, 수학, 의학, 지질학, 예술, 문학, 체육 등등 모든 것이 자기화되기 시작했습니다.

이들이 이룬 빅데이터는 자기만의 이론 속에만 머무르지 않았습니다. 과학이라는 이름을 갖다 붙이기 이전부터 있던 농부, 어부, 장인의 경험적 지식이나 기술에 기초했습니다. 튀코 브라헤*Tycho*

Brahe와 로버트 보일Robert Boyle은 숙련된 기술자들을 직접 고용하여 관측과 실험 등을 대신 수행하게 했습니다. 갈릴레오와 뉴턴은 기계공과 수공업자에게 실용 수학을 배우기도 했습니다. 공동체가 모두에게 플랫폼이 되는 시절의 모습입니다.

이런 여정 속에서 폴리머스는 더 많은 생각을 하고 더 다양한 생각의 전환을 경험했습니다. 지금의 인공지능 같은 존재가 자기들 시절에도 나타나기를 그 누구보다 바랐던 이들이었지만 인공성에 대한 기계적인 실체 구현에 대한 풍경이 없던 터라 뭐든지 그저 혼자만 해야 했습니다. 저 때의 폴리머스야말로 원리 이해-기술 파악-기술 적용을 모두 섭렵한 이의 표본입니다.

폴리머스가 지금 우리가 욕망하는 모습이 아닐까요? 사람들은 혼자서 모든 것을 다 할 줄 아는 만능인을 추앙합니다. 인공지능의 본격적인 적용이 생활화되면서 조금 퇴색한 면이 없지 않지만 아직은 그리고 앞으로도 인간의 수고는 보상을 받게 마련입니다. 역사라는 플랫폼에 폴리머스가 모이고 모여 자동화와 기계화의 풍경을 거치면서 인간성-인공성 철학이 무르익었고 인공지능에 관한 실험이 본격화되었습니다.

그리고 마침내 지금 인공지능의 실체가 나타났습니다. 지금의 우리는 폴리머스의 집합인 인공지능을 이용해서 일을 하게 되었습니다. 최초의 원시인 루시의 '왜?'의 물음에서부터 시작해서 마이크로소프트, 애플, 삼성이 인공지능 모델을 만들기까지 그토록 많은 인간들이 내뱉은 '왜?'라는 질문은 모두 몇 개일까요? 아니면 태초부터 지금까지의 '왜?'는 모두 몇 개였을까요? 인류가 질문한 '왜?'에 응한 답은 또 모두 몇 개였을까요? 이 답이 어떻게 나왔는지를 눈여겨봐야 합니다. 그게 지금의 인공지능을 만들었으니까 말입니다.

지금 우리의 교육은 너무나도 결과에 경도되어 있습니다. '왜?'라고 물을 수 있고 여기서 원리를 알 수 있도록 교과과정을 개편해야 합니다. 질문이 어디에 어떻게 쓰일지에 대해서 가르쳐야 합니다. 문제 잘 푸는 학생 만들기는 멈춰야 합니다. 지금 우리나라의 학교는 조선 말기 과거시험을 준비하던 곳과 똑같습니다. 근대 들어 지금까지의 교육은 시장 종속자를 만들기 위한 제도라고 비판하는 이들도 있습니다.

근대적 교육 방식의 관점에서 보면 인공지능은 또 다른 하나의 답 찾기 도구로만 취급될 뿐입니다. 더 큰 문제는 인공지능을 아는 사람이 교사가 아니라는 사실입니다. 인공지능에 관해서는 이전 세대 교사건 지금 세대 교사건 모르기는 매한가지입니다. 대학의 교수도 마찬가지입니다. 교사, 교수가 인공지능의 원리를 모르니 자기가 학생이었던 때 배웠던 것을 늘 하던 대로 가르치면서 인공지능 제품만 사용합니다. 교육 환경에 인공지능 모델을 도입하기에만 바쁩니다. 이처럼 세대가 지나도 변하지 않는 인공지능 교육이 또 인공지능 디지털 제품에 종속하는 인간을 양산합니다. 지금 인공지능 교육 정책 결정도 인공지능을 모르는 사람이 합니다. 이게 큰 문제입니다. 정책 결정을 하는 사람이 인공지능을 아는 사람이어야 합니다. 인공지능을 직접 가르치는 교과를 만들지 말고 기존의 교과과정을 전환력 강화 수업으로 바꿀 생각을 해야 합니다. 인공지능을 가르치는 눈을 달리해야 합니다. 인공지능 기술도 좋지만, 그보다 먼저 어떻게 그 기술을 배울 수 있는지를 고민해야 합니다.

지금의 교육철학을 다시 세우면 됩니다. 그리고 유치원, 초등학교에서부터 대학교, 대학원에 이르는 교과과정을 전부 지금 시대에 맞게끔 송두리째 바꿔야 합니다. 단순히 기능으로서의 기술이 아닌 '기술을 배우는 기술'을 교육하는 방식으로 교육 시스템을 바꿔어야 합니다. 교육을 통해 인공지능에 대한 공포를 극복하려면 인공지능보다 더 '똑똑'해지거나 '똘똘'해지면 됩니다.

아날로그 방식으로도 인공지능을 배우려면 어떻게 해야 할까요? 오늘날 수업에서 전환을 연습할 수 있는 과정은 다음과 같습니다.

자기 생각을 남의 생각(공감)으로 전환하는 연습 → 문학

생각을 상징으로 전환하는 연습 → 작문, 수학, 외국어

수학을 외국어 번역의 차원에서 가르치고 배워야 합니다. 독일어 문법 수업에서 수학을 가르칠 수 있어야 합니다. 프랑스어 문법 수업에서 그림을 가르칠 수 있어야 합니다. 문학 수업에서 수학을 가르칠 수 있어야 합니다. 천재 시인 이상을 문학, 수학, 역사학, 물리학, XR 수업에 소환해야 합니다.

생각을 몸짓(상징)으로 전환하는 연습 → 체육, 무용

이러한 전환의 끝에 가상성과 추상성이 나타납니다. 교육은 인간의 탐구욕과 추상성을 배가해 주는 역할을 해야 합니다.

추상화를 손으로 구현하기 → 음악, 미술

추상화로 코딩 연습하기 → 한시, 시조 쓰기

고전 문학을 읽어야 하는 이유는 지금과 그때를 비교하면서 생각의 전환이 가능하기 때문입니다. 아날로그에서의 디지털에 관한 생각이 어떻게 여물었는지를 보려면 디지털이 지배하기 이전의 세대를 읽어내야 합니다. 문학 수업에서 시를 배우면서 두운 법칙, 각운 법칙 등 시 구조의 법칙, 정렬을 알게 되고, 음률을 알게 되고 수수께끼(암호)를 알게 됩니다. 이게 코딩의 흐름이자 법칙입니다.

나라마다 문화마다 전설이 있습니다. 구비전승되는 이야기를 연구해야 하는 이유가 있습니다. 신화와 전설 등 이야기 속에 나타나는 객체들이 곧 관찰의 대상이 되고 이 대상의 속성이 데이터 분류 기준으로 기능하기 때문입니다. 문학을 국어 시험 문제 풀자고 배우는 게 아닙니다. 데이터 생성을 이해하는 데 정말 중요한 단서를 연구하는 게 바로 문학입니다. 학습자의 감성을 풍부하게 한다는 문학 교과의 교육 목표도 있지만 수학 못지않게 인공지능을 움직이는 원리가 문자, 문학에 있습니다.

숫자도 문자입니다. 문학의 연원 즉, 이야기를 따라 올라가면 결국 최초의 원시인이 어떻게 문자를 손에 넣었는지를 알게 되고, 이를 통해서 인공성과 지능성을 이해하는 큰 실마리를 얻게 됩니다. 이런 식의 교과과정이 없다는 게 정말 안타까울 뿐입니다. 기원을 찾아가는 '어원학'이 반드시 학교 교과목으로 만들어져야 합니다. 그리고 세상의 문자만 공부할 게 아니라 나만의 문자를 만들어봐야 합니다.

철학에서 제시하는 바 '나는 누구인가?', '인간은 어디에서 시작했나?' 등 연원을 찾아가는 것은 인간성과 인간지능의 본질입니다. 어원학, 고고학, 역사학 등 역사성이 전면에 나타난 학문에 더불어 인구학, 의학 등 내면에 역사성을 지닌 모든 학문은 세계를 모방한 데이터의 집합입니다. 여기서 '무엇을 모방했는가?'가 중요합니다.

모방의 대상에 따라서 데이터의 성격이 바뀌기 때문입니다. 모방의 결과 즉, 우리에게 나타나는 '데이터가 대중적인가? 보편적인가? 특수적인가?'라고 하는 것은 받아들여지는 데이터의 직관성의 농도를 묻는 말입니다. 흔히 '시대에 앞선 사람'이라는 말은 대중의 직관성보다 짙은 농도의 직관성을 지닌 사람을 부르는 말이라고 보면 됩니다.

인공지능의 역사, 탄생 배경, 원리를 알게 되면 인공지능 모델을 쓰고 그 경험 속에서 움직이는 감각을 몸소 느껴봐야 합니다. 영어를 모르는 사람이 미국을 이해할 수는 없습니다. 수채화만 하던 사람이 유화의 느낌을 알 수는 없습니다. 컴퓨터 언어도 배워봐야 합니다. 인공지능은 일종의 공식입니다. 컴퓨터 언어로 쓰이는 공식입니다. 그러므로 컴퓨터 언어를 당연히 알아야 합니다. 노 코드*No Code* 시대라고 해서 코드를 배우지 않아야 하는 게 아닙니다. 컴퓨터로 소통하는 지구 위 XR 속에서 살려면 컴퓨터 언어를 반드시 알아야 합니다.

인공지능 모델이 코드를 만들어 준다고 해도 어떻게 사용하는지 알지 못한다면 코드를 만들어 주나 마나입니다. 게다가 컴퓨터 언어를 쓰면서 생각을 구현하는 역량을 얻을 수 있으므로 반드시 배워야 합니다. 인공성에 대한 감각을 익히기 위해서는 디지털 원리가 기술로 적용되는 강의를 반드시 들어야 합니다. 물론, 지금 당장 급한 게 취업이니 들을 수도 있겠습니다. 그렇지만 디지털 강의를 단순히 취업만을 위해서 들으면 안 됩니다. 그 세상에 빠져야 그 세상의 원리를 알게 되고 원리를 알아야(체감해야) 기술에 관한 생각이 싹틉니다. 그렇게 기술에 관한 아이디어를 얻을 수 있어야 합니다.

소위 '문과는 돈이 안 된다.'라는 말은 문과 전공이 세상의 '원리

'=기술'이 되지 않기 때문에 나오는 것입니다. 그런데, 이 원리를 알 수 있는 수학을 연산이 아닌 철학적 접근으로 배우면 이야기가 달라집니다. 철학으로 수학을 배우면 여러 문과 전공과 연결되어 막강한 직관성을 갖게 됩니다. 아무리 인간이 연산을 빨리한다고 해도 인공지능의 연산 능력을 대적할 수는 없습니다. 인간이 만들어놓은 결과물에 인간이 대적할 수 없게 되어버린 상황입니다. 그러니 인간은 이를 두고(=이런 배경을 발판으로) 직관성을 높이는 수밖에 없습니다.

방법은 인간지능을 계속 계발하면 됩니다. 어떻게 해야 할까요? '원리=기술'이 되도록 하는 방법은 여러 가지가 있습니다. 분수에서 1을 만들기 위해 분모를 늘리는 방법도 있지만 분자를 늘리는 방법도 있습니다. '원리=기술'에서 기술을 늘리지 못하겠으면 원리의 폭을 넓히면 됩니다. 정말 많은 방법이 있습니다. 거창하지도 않습니다. 커피 마시기, 커피콩 볶기, 차 마시면서 책 읽기, 난데없이 하늘 보기, 기차 소리 듣기, 매미 소리 따라 하기, 겨울 냄새 맡기, 여름 냄새 맡기, 종이 찢기, 노래 만들기, 엘리베이터 관찰하기 등입니다. 흔히 말하는 쓸데없는 짓들입니다.

난데없는 엉뚱한 짓은 이런 방법 중 최고입니다. 지능을 높이려고 하지는 않지만 결국 지능을 높이는 행동입니다. 이것이 인공지능이 그렇게도 탐내는 인간지능의 '기술'입니다. 저는 내비게이션 없이 혼자 운전하기를 강력히 추천합니다. 스스로 변수에 노출되면 겁도 나지만 용기도 납니다. 인공지능은 인간을 위한 대담함에서 시작했다는 사실을 잊으면 안 됩니다.

엉뚱한 짓의 최고는 산책입니다. 산책은 최고의 영감을 줍니다. 사고의 전환점을 맞이하는 계기 중에는 여행도 있습니다. 이런 식으로 외부와의 마찰이나 충격이 필요합니다. 괴테의 《이탈리아 기행*Italienische Reise*》이 《파우스트*Faust*》의 영감을 주었던 것은 아닐까요? 사람이 바람을 쐬러 가는 이유도 이것입니다. 잠을 통해 뇌를 쉬게 하는 다 이유가 있습니다. 인공지능 기계가 이처럼 쉬려고 할까요? 산책을 하려고 할까요? 산책은 혼자만의 시간을 통해 새로운 통찰력과 창의력을 얻게 합니다.

인공지능 로봇은 산책을 하지 않습니다. 인공지능 로봇에게 감정이나 기분까지 데이터화가 가능하지는 않습니다. '어떻게 하면 기분이 좋아질까?'에 대한 예측성 데이터화만 가능합니다. 인공지능 로봇은 행복할까요? 신비함을 느낄까요? 침묵이 가장 효과적인 대화일 수 있다는 것을 인정할까요? 승려들의 화두를 이해할까요?

인간에게는 지능을 발달하게 하는 충격이 있습니다. 휴식도 충격입니다.

최초의 원시인이 세상을 보면서 많은 생각을 떠올렸던 바로 그 수렵채집 활동은 산책을 겸했습니다. 비바람을 맞고 맨발로 땅의 느낌을 알고 수풀 속에서 찔리고 쓸리고 한 결과는 자기를 어떻게 지킬지에 대한 생각뿐만 아니라 누군가에게 이야기할 거리를 마련해주었습니다. 내러티브가 탄생한 것입니다. 소통하는 방법, 소통하려는 욕구가 머릿속에서 튀어나왔습니다. 자기가 산책했던 경험을 말해줌으로써 기억, 가상성, 인공성이 머릿속에서 버무려집니다. 소통의 플랫폼도 발달하고 이야기를 잊지 않고 기억하려는 욕구가 넘쳐 '이야기 저장소'를 생각해 냈습니다. 그렇게 기록을 위한 글자는 만들어지고, '기억을 기계 장치를 해볼 수 있지 않을까?'라는 욕구도 나타났습니다.

교육 시스템이 바뀌기를 기다리지 않고 근대의 교육제도를 벗어나는 방법은 인공지능 기술을 배우는 방법을 직접 손에 넣는 것입니다. 최초의 원시인이 채집의 기술을 직접 손에 넣었던 것처럼 말입니다. 이로써 지금까지의 근대적 교육사에서 이탈하게 됩니다. 기존으로부터 이탈과 분산성이라는 인간 행동이 인공지능 시대의 현상이자 인간을 위한 교육철학의 핵심입니다. 고대·중세의 폴리머스처럼 무엇이든 알아서 혼자 배우는 겁니다. 여기에 인공지능 모델이 충실한 조력자입니다. 얼마 전 재밌는 일이 일어났습니다. 인공지능 제품을 이용한 대학생의 부정행위가 이어지자, 대학과 교수가 탈 디지털 양상을 보인 겁니다. 시험도 오프라인으로만 치르는 경우가 많아졌습니다.

그렇다고 아예 인공지능 모델 개발 이전의 처음으로 돌아가는 것은 아닙니다. 인공지능 제품의 쾌락을 맛본 인간의 이탈과 분산성 행위입니다. 인공지능 시대의 또 다른 풍경입니다. 인공지능이 인간을 바꿔놓고 있는 실질적인 사례입니다. 여기서 중요한 인사이트를 얻습니다. 인공성이란 인간성을 완전히 배제할 수 없다는 사실입니다. 인간성과 인공성 사이에 신뢰라는 것이 얼마나 중요한 가치인지 알 수 있습니다. 인간 사이에 신뢰와 믿음이 없다면 인공지능 개발로 촉발된 이탈과 분산성이라는 행동에 대한 의심이 늘어나고 결국 인공성에 대한 불신만이 커집니다.

인공지능 기술에서도 중앙 집중식 모델에서 벗어나 분산성과 기존의 논리적 틀을 깨는 이탈성이 핵심 요소가 될 것입니다. 엣지 인공지능^{Edge AI}과 온디바이스 인공지능^{On-device AI}이 그 사례입니다. 인공지능 모델이 거대 클라우드 서버뿐만 아니라 스마트폰, 개인 로봇 등 디바이스 자체에서 구동됩니다. 분산형 인공지능 네트워크가 확산하어 중앙 데이터센터에 대한 의존도를 줄이고, 분산된 노드에서 데이터를 학습 및 처리하는 구조가 나타납니다. 결국 단일 인공지능 모델이 모든 것을 처리하지 않습니다. 특화된 작은 에이전트가 협업하는 형태가 일반적인 인공지능 아키텍처를 구성합니다. 기존으로부터의 이탈과 그 결과인 분산성이라는 인간의 행동이 인공성으로도 구현되는 것입니다.

남는 시간에 무엇을 할까? 탐구생활: 지구를 지켜라

인공지능이라는 플랫폼의 진화로 인간은 시간을 효율적으로 정밀하게 사용할 수 있게 되었습니다. 문제를 해결하기 위한 방법을 고민하기 보다는 본질적인 문제 자체에 집중할 수 있습니다. 문제 해결에 걸리는 시간이 전보다 덜 들어갑니다. 그러니 남는 시간에 할 수 있는 것들이 늘어납니다. 지금 인류의 문제는 무엇일까요? 환경과 자연에 대해 말해볼까요? 에너지에 대해서도요.

인간은 인공지능 모델이라는 플랫폼과 로봇이라는 플랫폼을 활용하여 자연을 회복할 수 있습니다. 3D 스캐너와 인공지능 기술을 활용해 실제 공간과 동일한 가상 공간(디지털 트윈)을 구성하여 생태계를 모니터링하고, 복원 시나리오를 과학적으로 분석할 수 있습니다. 이것이 우리 인간에게 새로운 목표가 될 수 있습니다. 인간의 역사는 지금부터 인공지능 기술 전과 후로 나뉩니다. 전에는 해결책에 대한 실마리가 없어 생각조차 하지 못했던 것들에 대해 지금은 해결책이 확보되었다는 자신감으로 더욱 대담하고 쉽게 접근할 수 있게 되었습니다. 인류의 기아를 해결하기 위해서 GMO*Genetically Modified Organisms* 기술 개발 방식으로 양적 팽창을 생각했던 때에서 인간의 식욕 유전자를 편집하는 방식으로 생각의 전환을 하는 겁니다. 최초의 원시인에서 시작한 인간의 인공지능에 관한 생각이 인공지능 로봇으로 한 번의 완성을 이루었고 이제 인간은 이를 발판으로 새로운 도약을 하려고 하고 있습니다.

지금까지는 신의 이성적인 전지전능함이 인간의 목표였습니다. 그 결과의 총아가 인공지능입니다. 그러나 인공지능은 신이 아닙니다. 신을 이해하기 위한 방법론의 결과물입니다. 인공지능의 목적이 그러하다면 지금부터는 신을 신으로 만든 환경에 대한 탐구가 시작됩니다. 이에 대한 앞으로의 플랫폼은 '행성 공동체'입니다. 우주를 내 삶 속에 집어넣게 됩니다. 인간은 신을 모방하면서 위기에 대처해왔습니다. 어쩌면 신은 '병 주고, 약 주고' 다 한 겁니다.

신의 능력을 갖추려다 보니 인간에게 병이 생겼고, 이에 대한 해결책을 구하려고 하다 보니 약이 생긴 겁니다.

우주가 생활이 되면 인간은 누구와 소통해야 할까요? 지구는 인간만의 것이 아닙니다. 행성 공동체가 플랫폼이 되는 세상에서는 인간과 외부 자연이 원활하게 소통하게 됩니다. 이렇게 되면 전보다 더 정교한 기계 기술이 인공지능의 힘을 빌려 인간과 외부 자연과의 거리를 좁히게 됩니다. 가장 우주적인 통신 방법이 무엇일까요? 텔레파시와 텔레포트 아닐까요? 이런 방법도 XR의 방식으로 작동하게 됩니다.

지구를 우주 개체로 보면 지구의 움직임을 좌우하는 우주의 힘을 인간의 동력으로 삼을 생각도 하게 됩니다. 지구를 지구라는 한정된 땅덩어리로만 보면서 살았던 결과 지구에서 무언가를 캐내고 파내서 인류를 발전시킨다고 생각했습니다. 인간의 활동 반경이 확대되지 않은 시절에는 인간은 다른 영역으로 이동할 때 별도의 동력원을 필요로 하지 않았습니다. 그리고 그때 환경은 깨끗했습니다. 지금도 화석연료가 필요 없게 해보면 또 세상은 깨끗해집니다. 행성 공동체 차원에서 이걸 해보는 겁니다. 인간의 영역을 자기 영역에서 걸어 다닐 수 있는, 혹은 자전거로 다니는 곳으로 한정하되 디지털 가상세계를 활성화해서 자기의 머릿속 생각은 저 멀리까지 가도록 하는 겁니다. 개인의 행동반경에서 형태 플랫폼과 추상 플랫폼을 구분하는 것입니다. 아날로그와 디지털 공간을 절묘하게 구분하듯 합치면 됩니다.

방법은 실질적인 XR 구현에 있습니다. 이미 XR 인프라 환경은 조성되었습니다. 클라우드 서비스가 가장 대표적인 예입니다. 집에서 컴퓨터로 문서를 쓰다가 멀리 떨어진 오피스에서도 이어서 쓸 수 있습니다. 컴퓨터를 안 들고 다녀도 얼마든지 자기 일을 할 수 있습니다. 분명히 기계인 컴퓨터가 만든 세상인데 무無 기계(컴퓨터) 세상이 됩니다. 인간이 클라우드 서비스 장치권, 크게 보면 컴퓨터라는 기계 안으로 들어온 것입니다. 인간이 이미 디지털 가상세계에 들어와 살고 있다는 말입니다.

이러한 디지털 가상세계인 XR은 가상 현실VR, 증강 현실AR, 혼합 현실MR 을 포괄하는 캔버스입니다. 클라우드 및 엣지 컴퓨팅, 고속·저지연 네트워크 (5G/6G), 컴퓨터 비전 및 공간 맵핑, XR 콘텐츠 플랫폼/엔진도 준비되었습니다. 인공지능 모델은 이 세계에 지능을 불어넣는 뇌의 역할을 합니다. 인공지능과 XR이 융합하게 되면 가상세계와 현실 세계의 경계를 허물고, 단순한 몰입형 경험을 넘어 지능적이고 개인화된 상호작용을 가능하게 하게 합니다. 이로 써 텔레파시와 텔레포트가 가능해집니다.

이런 XR에 인공지능을 적용하면 사람의 손동작, 눈동자 움직임, 음성을 실시간으로 분석하여 자연스러운 인터페이스를 제공하는 인공지능 모델을 만들 수 있습니다. 인공지능 컴퓨터 비전 기술은 가상 객체를 현실과 부드럽게 마치 현실처럼 결합하고, 생성형 인공지능 모델은 텍스트나 음성 명령만으로 복잡한 가상 환경을 실시간으로 생성합니다.

마치 현실 세계라고 느낄 수 있는 가상 세계가 마련되는 겁니다. XR 공간 내에서 능동적으로 움직이며 사용자를 돕는 인공지능 3D 에이전트가 보편화될 것입니다. 이러한 장치를 통해 인공지능은 사용자인 인간과 함께 상황을 이해하고 반응하는 지능형 기술을 갖추게 됩니다. XR이 활성화되고 거부반응이 기술적으로 제거되면 자기의 공간이 하나의 우주가 됩니다. 자기가 있는 곳이 곧 플라네타륨*planetarium*(천체 투영관)이 되는 것입니다. 집 밖으로 나가지 않고 자기의 공간 속에서 그동안 했던 일을 그대로 할 수 있게 됩니다. 그리고 영상이 스크린의 형태에서 벗어나 빛의 모습으로만 존재하는 날이 곧 옵니다. 허공이 플랫폼이 되어 영상을 보여줍니다.

이렇게 되면 인간이 우주 속을 유영하듯이 인공성이 만들어 내는 풍경 속에서 살게 될 시대가 멀지 않았습니다. 인간 정신에도 영향을 미쳐 전 지구적 XR을 가능하게 하는 인공위성과 센서 기술은 지구 전체를 하나의 컴퓨팅 장치로 이해하는 행성적 계산*Planetary computation*이라는 사유 방식을 가능하게도 합니다.

편리함이 모토일 때는 먹는 것도 귀찮을 때가 있습니다. 남이 해주는 것도 싫을 때가 있습니다. 이럴 때는 무엇을 먹어야 하나요? 혹은 '먹은 것처럼' 느끼게끔 해주는 무언가가 있으면 어떨까요? 뇌를 속여서 먹지 않았는데도 '먹은 것처럼' 느끼게 하는 게 인공지능 시대 다이어트의 한 방법입니다.

영양분은 알약으로 복용하고, 신경망을 자극해서 메뉴별 '맛을 느끼게끔' 하는 것입니다. 음식 쓰레기 문제도 없애고, 또 한 번의 농업혁명을 일으킬 수 있습니다. 먹는 양은 줄이고, '많이 먹은 것처럼' '느끼게' 하는 것입니다. 가상 세계라고 불리는 XR 환경이라면 이런 풍경이 얼마든지 가능합니다. 비만 치료를 위해 개발 중인 프로젝트를 떠나서 아예 전 지구적으로 먹는 것(신체)과 느끼는 것(생각)이 이원화되는 데카르트의 세상이 된 겁니다.

철학사에서 보면 심신이원론을 주장한 데카르트 철학은 지금의 철학보다 먼저 나왔습니다. 신기하게도 시간은 미래로 흘러가는데 인간의 실행 방법은 과거로 회귀합니다. 인공지능 모델로 만드는 기술 구현의 양상이 이러합니다. 시간에 대한 생각을 다시 하게 합니다. 인공성을 연구하다 보면 과거의 철학을 계속 들여다보게 됩니다. 발전이라는 것이 반드시 미래지향적이지는 않다는 것을 증명하고 있습니다.

인간은 우주 속의 또 다른 생명체를 찾으면서 제2의 지구를 우주 속에서 찾기도 하겠지만 제2의 지구를 지구 위에 디지털로 만들 수도 있습니다. 진짜 육신의 나와 도플갱어인 디지털 나. 이렇게 둘이 사는 세상이 됩니다. 인공지능 로봇을 나의 도플갱어로 개발해서 그곳(천체로서 제2의 지구 혹은 디지털 가상 세계인 제2의 지구)으로 보낼 수도 있습니다. 물화物化된 제2의 내가 다른 곳에서 나처럼 살게 하는 것이 가능해집니다. 화성에 나의 도플갱어가 살 수도 있는 것입니다. 그사이에 우리는 병든 지구를 돌려놓을 수 있습니다.

이렇게 하면서 우리는 무엇을 얻을까요? 지구를 복원할 수 있습니다. 땅을 캐내어 없어진 땅을 다시 묻는 그런 복원이 아닙니다. 통신에 들어가는 자원 절약, 먹는 데에 들어가는 자원 절약, 교통에 들어가는 자원을 절약해 복원을 의도할 수 있습니다. 2021년

COVID-19 사태가 일어났을 때 지구 위의 모든 것은 깨끗했었습니다.

이게 어떻게 가능했을까요? 사람들이 문제였습니다. 사람들이 모이지 않으면 됩니다. 모이지 않아도 모인 것처럼 하면 문제는 해결될 수 있습니다. 질병 치료에 들어가는 자원을 돌려서(전환해서) 인간을 더 튼튼하게 만든다면 어떨까요? 사람들을 덜 만나면 질병에 대한 노출도 적어집니다. 이럴 때 인공지능은 어떤 모델로 나타날까요? 사람들을 더 튼튼하게 만들 방법을 구상하기도 하고, 지구의 최적 상태를 제시하고 인간의 행동에 올바른 방향을 제시합니다.

앞으로의 인공지능 로봇은 인간처럼 보고 듣고 냄새를 맡아 '느끼는' 경험을 바탕으로 인간이 하지 않아도 한 것'처럼 느끼게' 하는 능력을 제공할 것입니다. 인간과 쉽게 소통하고 더 빠르게 문제를 해결하는 '감각형 지능'이 되어 지구의 문제를 해결할 것입니다. 이 모든 게 인간만이 아닌 지구를 위해서라는 것을 인공감각지능 로봇도 알게 되면 인공감각지능 로봇은 인간의 가장 친한 카운터파트가 되어 임무를 수행합니다. 그러므로 인공성이 인간성을 완전히 대신하는 일은 있을 수 없습니다. 우주성은 인공성과 인간성을 모두 포섭하는 전체가 되기 때문입니다.

동력원의 발달과 플랫폼의 발달은 그 궤를 같이했습니다. 동력원의 부피는 점점 더 작아졌고, 효율은 더 높아졌습니다. 핵융합까지 왔으니까요. 수소를 연료화하는 사업도 한창입니다. 인공지능으로 수소 연료를 최적화하는 방법 등을 찾고 이를 동력으로 인공지능 데이터센터와 인공지능 로봇을 가동합니다. 지금부터는 우주의 관점으로 생각하면서 인공지능 메커니즘을 기계 기술에 적용하는 겁니다. 이것이 인공지능이 만든 생태계이자 지구를 지키는 탐구생활입니다. 동력원의 부피를 아예 없애버릴 수도 있을까요? 최근 에너지 플랫폼에 관한 여러 가지 생각이 나타나고 있습니다.

자기장을 전력화하는 기술이 개발되었습니다. 미국 미시간대 재료과학및공학과 존 히런_John T. Heron_ 교수 연구팀은 도체 주변에서 나오는 자기장을 컴퓨터 메모리 전력으로 활용하는 기술을 개발했습니다. 자기장은 전류끼리 서로 끌어당기거나 밀어내면서 미치는 힘이 작용하는 공간입니다. 전기가 흐르는 주변에는 반드시 자기장이 생기는데, 이때 사라지는 자기장을 전력으로 다시 변환할 수 있게 된 겁니다. 자왜소재와 압전소재를 활용하는 방법이 대표적입니다. IoT 무선 센서를 배터리 없이 지속적으로 구동하기에 충분한 수준의 직류 전력을 발생시키는 데 성공했습니다. 여기에 인공지능이 활용되면 알고리즘을 활용하여 자기장의 세기, 방향, 주변 환경에 맞춰 코일의 위치나 자석의 공진 상태를 실시간으로 최적화할 수 있습니다. 이는 발전 효율 향상으로 이어집니다.

지구 자기장과 자전에 의해 발생하는 유도 전압을 이용해 전력을 생산하려는 시도도 있습니다. 크리스토퍼 치바*Christopher Chiba* 미국 프린스턴대 천체물리학과 교수가 이끈 공동연구팀은 지구 자전과 외핵의 대류로 발생한 지구의 자기장을 이용해 전기를 만드는 데 성공했습니다. 인공지능은 여기서도 역할을 할 겁니다. 인공지능과 고성능 컴퓨팅은 지구의 자전, 자기장 분포, 그리고 발전 장치의 물리적 상호작용을 시뮬레이션하는 데 활용됩니다. 물리 기반 시뮬레이션은 에너지 효율을 높이고 최적의 발전 효율을 내는 설계를 돕습니다. 우주에서 작동할 수 있는 새로운 전력망이 구축될 가능성이 점쳐지고 있습니다. 배터리 없는 전자기기가 상용화된다면 인간의 삶은 어떻게 바뀔까요?

호흡할 때 발생하는 공기의 흐름(기계적 에너지)이 압전 소재를 진동시켜 전기를 생성하는 기술도 있습니다. 이 기술을 적용한 마스크*Aire Mask*는 호흡만으로 소형 기기를 충전할 수 있습니다. 날숨에 포함된 수분을 이용하여 전기를 생산하는 방식입니다. 습도 변화를 활용하여 블루투스 이어폰 등을 작동시킬 수 있는 수준의 전력을 낼 수 있습니다. 전자기식 마이크로 발전기는 호흡 시의 압력 변화를 이용하여 전자기 유도 현상으로 전기를 생산합니다. 여기서도 인공지능 알고리즘은 불규칙한 호흡 패턴에서 최적의 전력 생산 효율을 내도록 에너지 변환 효율을 최적화합니다.

얼마 전에는 국내 연구팀이 인공지능을 이용해 차세대 전지인 전고체전지 전해질 소재의 성능을 끌어올릴 최적 조건을 밝혀냈습니다. 인공지능 기반 원자 시뮬레이션을 통해 비정질 고체전해질의 성능을 나타내는 리튬 이온 이동을 좌우하는 요인을 규명한 것입니다. 에너지와 관련해서 인공지능의 역할은 최적화 상태 예측으로 귀결됩니다. 인공지능은 기상 데이터 등을 분석해 전력 발전량을 예측하여 전력 손실을 줄이고 효율을 높입니다. 전력망에 흩어진 수많은 분산 에너지를 실시간으로 제어하고, 고장을 예측해 선제적 유지보수를 함으로써 블랙아웃 위험을 줄입니다. 인공지능 디지털 기술은 이처럼 전력의 생산·저장·소비에서 최적화를 예측하고 제어하는 역할을 합니다.

인간은 빛으로 수소를 만들어내는 기술도 개발했습니다. 울산과학기술원UNIST은 장지현 에너지화학공학과 교수팀이 실내조명에서 나온 빛을 재활용해 청정수소를 생산하는 인공 나뭇잎 시스템을 만든 것입니다. 고효율 광전극과 수소 생산 촉매를 결합해 발광다이오드 LED 조명을 받아 수소를 생산하는 나뭇잎 구조체를 개발했습니다. 소위 인공 나뭇잎입니다.

전 세계 전력 소비의 19%를 차지하는 것이 조명입니다. 상당한 양입니다. 그리고 태양광과 달리 꺼지지 않습니다. 1879년 에디슨이 인공성의 산물인 전구를 발명한 이후 2026년 빛이라는 인공성에 또 다른 인공성을 추가해 동력원이 완성된 것입니다. 인공 나뭇잎은 인간이 만든 인공성의 순환을 명확하게 보여주는 사례입니다. 이번에 개발된 인공 나뭇잎은 외부 전압 없이 실내조명만으로 광전류를 생성했습니다. 85cm^2 넓이의 인공 나뭇잎 4개를 직렬로 연결한 모듈은 실내조명 조건에서 5mA의 광전류를 기록했습니다. 소형 LED 수십개를 켤 수 있는 전류로 12시간 작동 후에도 초기 성능의 94%를 유지했습니다.

허공은 우리 눈앞의 우주임에 틀림없습니다. 인간의 눈 바로 앞에 있는 이곳이 목성과 토성으로 확장하고 은하계로부터 확장된 공간입니다. 앞으로는 이 허공에서 물도 만들어 냅니다. 2025년 노벨화학상을 수상한 미국 캘리포니아 대학교 버클리의 화학과 교수

오마르 야기 *Omar Mwannes Yaghi* 는 아토코 *Atoco* 라는 회사를 설립하고 약 6m 길이의 컨테이너 크기 장비에서 저전력으로 깨끗한 물을 하루 최대 1000리터까지 생산할 계획을 세웠습니다. 여기에도 인공지능이 활용되었습니다. 조명에서 나오는 빛으로 수소를 생산하고 전력을 만들어 공기 중에서 물을 만드는 시대가 된 것입니다.

인간의 숨으로 전력 만들기, 심장의 동력을 이용한 동력 구조 개발, 곤충의 날갯짓에서 전력 얻기 등의 개발 프로젝트를 보면 인간이 인공성을 이용해서 하고 있는 이런 양상이 마치 신의 천지창조 프로젝트와도 흡사해 보입니다. 동양철학에서는 인간을 '소小 우주'로 불러왔습니다. 오래전에는 인간을 우주로 보던 그 눈이 여러 현대 기술 상품 때문에 가려졌던 것입니다. 인간이 곧 우주라고 인식하면 인간으로서 할 수 있는 것들이 많습니다. 이런 것들은 인공지능이 없어도 가능한 일이었고, 실제로 인공지능과는 직접적으로 관련 없이 진행된 연구도 있습니다. 그러므로 인공지능은 우주 철학과 우주 과학의 한 부분일 뿐입니다.

인공지능이 발달하면 동물학, 곤충학, 식물학도 덩달아 급속히 발달하지 않을까요? 동물, 곤충, 식물과 소통할 수 있게 될 테니까요. 그러므로 이들에 대한 도메인 지식이 많이 필요합니다. 지구

복원을 함께할 인간의 카운터파트가 동물과 곤충이 될 수 있습니다. 다시 말해 지구 환경 모니터링을 곤충과 함께 하는 것입니다. 곤충은 환경 변화에 매우 민감하게 반응하기 때문에 인공지능을 통해 곤충의 행동 패턴을 분석함으로써, 환경 오염의 영향을 정확하게 측정할 수 있습니다. 인공지능 기술을 활용해 자연계의 소리 데이터를 분석하고, 피조물의 패턴을 식별하며, 생태계의 변화를 감지합니다.

인간이 인공지능을 이용해서 (혹은 인공지능과 함께) 만든 기계를 이용하면 그렇게 허무맹랑한 생각은 아닙니다. 나비들과 새들에게 날갯짓해 달라고 전기 신호를 보내서 진짜 '나비효과'를 일으킬 수도 있습니다. 아직 풀어야 할 과제가 많긴 합니다. 식물에게 신호를 보내 산소를 더 배출해달라고 할 수도 있습니다. 인공지능으로 밝혀낸 공식을 통해 식물의 주파수와 맞닿게 되면 이런 일이 없던 식물도 인간의 인공성을 통해 계속 진화합니다. 인간과 인간 외 존재의 공생이 시작되는 것입니다. 인공지능이 진화하듯 인공지능 풍경 속 모든 것이 진화합니다.

인간과 같은 차원에서 살고 있으나 그들만의 다른 세상에서 사는 생물체를 이해하면 지구와 더 밀접하게 소통이 가능해집니다.

이미 인간은 동물에게서 지구 위를 살아가는 영감을 많이 찾아냈습니다. 자연의 어떤 능력이 인간에게 영감을 주었을까요? 인간은 새를 보고 비행기를, 물고기를 보고 잠수함을, 행성을 보고 인공위성을 만들었습니다. 영상을 가능하게 하는 기계, 가령 카메라 렌즈는 새와 곤충의 눈을 보고 영감을 얻었습니다. 콘도르*Condor*는 약 60km 떨어진 곳에 있는 먹이를 찾아냅니다. 그것도 15분 안에 찾아냅니다. 인간보다 8배 더 선명하게 볼 수 있는 시력은 콘도르의 중요한 플랫폼입니다. 인간보다 훨씬 많은 콘도르의 시각 세포(원추세포)는 인간이 만든 스크린의 해상도를 높이는 데 어떤 영감을 주었을지도 모릅니다.

딱따구리의 머리 구조를 모방하여 충격 완화 장치를 개발했습니다. 도꼬마리 열매의 갈고리 구조를 모방하여 벨크로*Velcro*(찍찍이)를 발명했습니다. 흰개미 집의 자동 온도 조절 구조를 응용하여 에어컨 없는 친환경 건물 설계하기도 하고, 도마뱀붙이*Gecko*(게코)의 발바닥의 미세 섬모 접착 원리를 이용한 강력 접착제 개발하고 잠자리의 날개 구조를 연구하여 헬리콥터 기술에 응용했습니다. 자외선을 흡수하여 더 긴 파장의 가시광선으로 재방출하는 오리너구리, 날다람쥐 등의 생체 형광 동물도 모방했습니다.

인간이 모방한 동물의 생체 원리를 '인공동물성'이라고 해야 할까요? 이처럼 인공지능을 구상하기 훨씬 전부터 인간은 동물을 모방했습니다. 이를 토대로 지금은 아예 인공동물을 만들려는 시도까지 하고 있습니다. 음향 효과를 가능하게 하는 기계는 무엇에서 영감을 받은 것일까요? 동물과 식물의 소리를 듣고 이를 저장하고 생성하려는 인간의 욕구에서 만들게 된 것은 아닐까요? 컴퓨터, 로봇은 어떤 생명체를 보고 떠올렸을까요? 바로 인간이라는 동물입니다. 그러므로 동물을 모방하는 인간의 본성이 스스로를 모방하여 인공지능의 터전을 마련했다고 봐도 큰 문제가 없습니다.

인간과 인간 외 자연이 만나면 지구는 인격성을 띠게 됩니다(성경에 나오는 에덴동산과 창세기가 이에 대한 이야기입니다). 그리고 행성 차원의 전 지구와 인간의 두뇌 간 연결이 가능해집니다. 모든 피조물과 인간이 일체가 될 수도 있습니다. 인공지능 때문이 아니라 인공지능을 개발하고 인공지능의 결과를 잘 활용한 덕분에 더 똑똑해진 인간이 만든 기술로 말입니다.

인간이 아주 작디작은 벌레와 의사소통이 가능해진다고 생각해보십시오. 지금부터 그런 일이 일어나지 말라는 법이 없습니다. 인간의 말이 아니라 우주의 전기신호를 통해서 소통하는 일이 일어날 수 있지 않을까요? 숫자를 만들어 셈하고 시공을 넘어 멀리까지 자기 의사를 전파했던 게 인간입니다. 인간이 왜 인공지능을 만들 생각을 했을까요? 숫자를 왜 만들었을까요? 인간지능과 인공지능 은 궁극적으로 편하게 살기 위해서 발전했습니다. 그리고 어떤 문 제를 풀기 위해서였습니다. 시간이 지나 여러 환경이 바뀌었고 지 금까지의 인간지능으로는 해결하지 못한 게 너무 많다 보니 인공 지능 모델을 개발했습니다.

결국 우주와 소통하기 위해 인공지능 모델을 개발하는 단계에 이르렀습니다. 앞으로는 천문학이 가장 주목받는 학문이 될 것입 니다. 이로써 이전과는 다른 한 단계 아주 더 앞선 문명이 나타나 게 되는 것입니다. 지금까지의 문명이 인간의 것만이 아닌 전 우주 적인 것이 됩니다. 고대·중세의 천문학이 지금의 인공지능 개발의 단초를 맡았던 것처럼 또 한 번 천문학이 현대의 인공지능 개발의 트리거가 됩니다. 달라진 것이 있다면 고대·중세의 천문학은 관찰 의 대상에 머물렀지만 지금의 천문학은 우주를 가기 위한 실제 지 리학으로서 기능한다는 점입니다. 초지능 연결이 고도화된 울트라 인공지능 디지털 세상에서는 충분히 가능한 일입니다.

이런 생각을 떠올리는 데에 컴퓨터 언어가 필요한가요? 수학적 사고가 필요한가요? 반드시 그렇지는 않습니다. 중요한 것은 인공지능이 세상에 원리가 되었다는 점을 받아들이고 나타나는 엉뚱한 생각입니다. 인공지능성이라는 것이 우리 삶에 들어온 풍경을 받아들여야 합니다. 인류가 진화하면서 직관성의 폭이 넓어지면서 생긴 생각의 발달이 이 풍경 속에 고스란히 담겨 있습니다. 이 풍경 속에서 가상성, 추상성, 직관성이 계속 순환합니다. 그리고 이 풍경 속에서 어느 분야, 어떤 산업이 두각을 나타낼지 짐작해 봐야 합니다.

조선의 천재들 이야기를 들어보면 4살 때 시를 썼다느니 하는 예가 종종 나옵니다. 그런데 생각해 보면 이들이 태어났을 때는 아이들이 할 거라곤 글 쓰는 사람들 보기와 책 읽는 사람들 보기가 전부였습니다. 조금 극단적으로 말하면 놀 게 글쓰기밖에 없었고, 글을 쓸 때 필요한 도구가 장난감이었습니다. 그러니 문방사우文房四友(종이, 붓, 먹, 벼루)라고 하지 않았겠습니까? 퇴계와 율곡이 아직 소년이 채 되기도 전에 글을 터득한 게 특이한 게 아니었습니다. 김시습은 이미 3세 때 시를 짓기 시작하여 5세 때 이미 신동으로 불렸습니다.

이들은 선천적인 지능을 타고난 것도 있었겠지만 당시 풍경에는 주로 글쓰기, 글 읽기가 있었기 때문에 글을 터득하는 것이 빠를 수밖에 없었습니다. 디지털이 세상의 중심에 서고 이미 많은 인공지능 모델이 사용자에게 쉽게 기능하는 시대에는 태어나서 만나는 풍경이 인공지능입니다. 글을 깨치기도 전에 인공지능성에 대해서 자연스럽게 터득하는 아이들이 많아질 수밖에 없습니다.

아이들은 학습 속도가 빠르고 뇌의 유연성(가소성)이 높습니다. 마주하는 것들을 마구 빨아들이지요. 이를 유동성 지능이라고 합니다. 아이는 유동성 지능이 강합니다. 성인은 축적된 경험, 지식, 언어 능력을 활용하는 결정성 지능이 높습니다. 아이에 비해서 복잡한 문제를 효율적으로 해결합니다.

지금의 인공지능을 한번 보겠습니다. 아이 지능에 가까운가요? 성인 지능에 가까운가요? 인공지능은 데이터 분석을 통한 예측성, 효율성을 높이 올립니다. 성인 지능을 한껏 빨아들인 인공지능이 목표로 삼는 것은 순수하고 말랑말랑한 아이의 지능입니다. 직관적이고 창의적인 발상이 자유로운 아이의 지능 말입니다. 아이들은 항상 높은 호기심을 보이고, 언어를 빠르게 습득합니다. 특정 분야에 대해 강하게 몰입하기도 합니다. 이때 창의성이 튀어나옵니다. 인간 성인도 인간 아이를 보면서 경탄할 때가 있습니다. "캬, 어떻게 이런 생각을 다 했지?", "이런 생각은 도대체 어디서 나오는 거지?" 인공지능 로봇이 인간을 보면서 이런 말을 하고 있을지 모릅니다. 아니, 하고 있습니다. 인공지능이 따라잡으려야 못 따라잡는 게 인간의 이런 특징이니까요.

지능은 30~50%가 유전으로 결정됩니다. 그리고 나이가 들수록 유전적 발현이 더 강해집니다. 그러므로 인공지능 개발과 생물학 공부는 함께 발전할 수밖에 없습니다. 그래서 인공지능 개발 회사가 좋아하는 전공이 생물학일까요? 인간성이 인공성을 연구해서 인공지능이 개발했으니, 이번에는 인간성과 인공지능이 또 다른 인공성을 만들어내는 결과에 도전할 겁니다. 인공지능 로봇에게 무언가를 가르치는 직업도 나타나지 않을까요? 수고로움을 귀찮아하지만 않으면 인공지능 시대라고 해도 인간지능이 인공지능보다 우세합니다. 진부한 말로 들릴지 모르지만 인공지능 풍경 속에서도 우리는 하던 대로 계속 공부해야 합니다. 자기만의 도메인 지식을 여럿 가지고 있으면 인공지능 공포는 사그라지게 됩니다. 그리고 가급적이면 도메인 지식 간의 전환을 가능하게 해보는 게 좋습니다. 인공지능 로봇을 가르치는 인간 선생님은 인간이 마주한 새로운 풍경과 생각의 전환입니다.

10장

UFO 시대에서 IFO의 시대로: 우주철학, 우주와 생물학, 곤충학과 우주, 우주와 예술

우주철학

인공지능의 힘을 빌려 인간은 생산성을 높이게 됩니다. 여기서 인간이 소외된다는 생각은 인공지능의 원리를 몰랐을 때 생기는 막연한 공포입니다. 인공성의 원천이 되는 인간성 역시 인공지능 시대에 큰 역할을 하기 때문입니다. 인공지능 모델이 학습하는 데 이터는 여전히 인간의 것입니다. 이 데이터가 어느 한쪽으로 편향 되지 않도록 균형을 잡는 것은 인간성의 몫입니다.

그동안 지구의 역사는 인간성만이 이룩해 놓은 이데올로기의 역사였습니다. 인간성이라는 한 방향의 플랫폼만으로도 진행되었던 역사였습니다. 그러나 인공성 객체의 위치가 인간성의 위치와 비슷한 포지션을 차지하게 되면 인공성 객체 역시 지구 역사에 일정 지분을 갖게 됩니다. 문제는 '인공성 객체가 올곧이 완전한 독립성을 갖게 되는가?'입니다. 이 부분이 인공지능 이데올로기의 또 다른 핵심 주제입니다.

인간과 소통하는 또 다른 문명 집단이 있고 독립체라면 정치적으로도 지구 상에 존재할 필요충분조건을 갖게 됩니다. 예를 들어 지구상에 인류와 대등한 종이 있다고 해봅시다. 포유류에서도 코끼리가 인간처럼 똑같이 시장/화폐 경제를 이루고 독자적인 문명을 이룩한 것으로 가정해 봅시다. 인간이 사는 공동체와 똑같이 코끼리 공동체 역시 독자적인 언어 체계와 문자를 갖고 전력을 생산해 낼 수 있다면 어떨까요?

인간과 너무도 똑같은 생활을 합니다. 체력이라든가 신체 구조는 어떤 면에서 인간보다 월등합니다. 그런데 코끼리 종만의 이익을 위해서 다른 철학과 세계관을 갖고 있다면 어떨까요? 그들만의 이데올로기가 있을 수밖에 없습니다. 인간과 코끼리 간에 갈등도 있고 필요에 따라 연립정부도 구성할 수 있다면 어떨까요? 무기 체계도 인간과 똑같습니다. 때로는 인간과의 전쟁도 불사하겠지요. 늘 그렇지만 어떤 공동체라도 자기 이익이 앞서면 서로 간에 싸움이 일어나게 됩니다. 싸움이 없어지려면 서로에게 이기심을 능가하는 성질이 있으면 됩니다. 경쟁하되 자본 욕구가 소실되면 조바심을 내지 않게 됩니다.

인간의 역사에 이런 적이 있었을까요? 인간 종과 코끼리 종이 지능적으로 대등할 때 원천적으로 싸움을 없애는 방법은 모두가 서로 철학을 우월하는 철학자가 되는 것입니다. 그럴 때 모두의 삶이 철학을 중심으로 돌아가게 되는 겁니다. 이때의 철학이 바로 우주철학, 즉 우주론입니다. 우주철학은 우주의 구조와 인간의 위치에 대한 근본적인 질문을 던지고 해답을 찾는 인식론적 탐구 방법입니다.

앞서 말한 코끼리 종을 인공지능으로 바꿔서 다시 생각해 보면 인간성과 인공성이라는 것이 대립하는 게 아니라 양립하는 것임을 알 수 있습니다. 그리고 한 가지 더. 코끼리 종 역시 컴퓨터를 사용할 수 있어서 그들만의 인공성을 지닐 수 있다고 하면 우리 인간과 똑같은 생각을 하는 인공성이 또 하나 지구 위에 나타나는 일이 벌어질 수 있습니다. 우주철학의 개념이 이것입니다. 지구 위에 인간만이 독립적인 유일한 존재가 아닙니다. 따라서 이를 '우주주의'라고도 칭할 수 있습니다. 지금까지 우주철학이 조금 낯설게 느껴진 것은 인간 개인이 우주 속에서 할 일이 없었고, '내'가 우주와 직접 부딪히는 일이 없었기 때문입니다.

우주라고 하면 먼 행성, 태양계, 은하계처럼 딴 나라 이야기였습니다. '내'가 다가가기에 막연했습니다. 그러나 우주주의란 우리 인간이 만든 이데올로기가 아닌 우주의 존재 때문에 성립되는 애초의 이데올로기입니다. 우주주의 안에서는 인간이 인공지능 로봇에게 인격을 부여하느니 마느니 하는 이런 문제가 있을 수 없습니다. 인간이 직접 소통할 수 있는 대상이 인간만이 아니기 때문입니다. 숫자와 전파라는 우주의 암호 체계를 푼 이상 (즉, 숫자와 전파라는 플랫폼으로) 인격성이 아닌 자연성 그 자체로 우주의 개체들과 소통할 수 있는 날이 곧 나타납니다.

우주에 있는 여타의 존재에 대해 확실하지 않았을 때 인간은 우주를 대함에 있어 막연했습니다. 우주를 놓고 '이렇게 넓은 우주에 인간만이 있는 것은 낭비다.', '전지전능한 신이 인간만을 창조했을 리가 없다.'라는 식의 항변을 했습니다. 이런 주장은 UFO *Unidentified Flying Object* 의 시대에나 설득력이 있었습니다. 우주가 나와 상관없던

UFO 시대의 우주는 인간이 우주 속에서 대등한 상대를 찾지 못해 우주 객체를 찾아 혼자만 헤맸던 먹먹한 상상의 시·공간입니다.

우주는 수만 년 전 원시인 루시가 보았던 그 우주 그대로였습니다. 지구 생태계에 가려 보이지 않았던 우주는 이제 지구에서 인공지능 영감이 태동한 지 수만 년이 지나 진화하면서 이 역시 독립적인 개체로 인간의 역사에 등장하려고 합니다. 숫자와 연산식이라는 인간성의 인공 사고인 추상 플랫폼(즉, 인공지능)이 전파라는 자연성의 플랫폼과 소통한 결과입니다. 그동안 인공적인 지능*artificial intelligence* 인 줄로만 알았던 것이 지능감각인공성*artificiality with intelligence and sentience*으로 진화해서 우리 곁에 나타난 것입니다. 그리고 지구에만 매몰되어 보여도 보이지 않던 우주를 다시 우리 인간에게 보이도록 데려왔습니다.

지능감각인공성 로봇은 인간의 추상성, 가상성, 직관성에 가까운 인공성이라는 성질이 모두 응집해서 연산식의 방법으로 동력기계라는 몸뚱이에 붙어 나타난 결과의 객체입니다. 인간과 지능감각인공성 로봇이 인간화된 지금부터는 우주 속 인공성이 무엇인지 알게 된 IFO *Identified Flying Object* 의 시대입니다.

인간은 우주 정거장을 왜 만들었을까요? 인공지능은 우주 정거장에 필요한 것들을 계산하기 위한 도구에 지나지 않습니다. 우주 정거장에서 여러 실험도 합니다. 우주가 인간 모두의 풍경이 되는 시대가 오고 있습니다. 아니, 이미 왔습니다. '지금, 여기'에서 '지금, 저기'로 보내는 우주적인 플랫폼이 실현되고 있습니다. 얼마 전 캘리포니아에 있는 우주 스타트업 GRU 스페이스가 2032년 개장을 목표로 한 달 호텔 예약을 받기 시작했다고 보도했습니다.

GRU는 '은하 자원 활용*Galactic Resource Utilization*'이라는 뜻입니다. 달, 화성, 소행성 등에서 자원을 확보해 인류의 우주 활동을 지속 가능하게 만드는 것이 목표입니다. 1974년 미국 물리학자 제라드 오닐*Gerard Kitchen O'Neill*도 달에 전자기식 질량 가속기(매스 드라이버)를 설치하자고 제안했습니다. 최근에는 지구와 달 사이의 시스루나*cislunar* 공간에 위성을 배치해서 지구 기반 통신 인프라를 보완하고 달 기지나 달 정착지에 인터넷 등 각종 서비스를 제공하자는 의견도 나오고 있습니다.

이런 분위기가 무르익으면 인간은 인공지능 로봇을 다른 천체로 보낼 수 있습니다. 그리고 지구 위의 인간에서 우주 속의 인간으로 생각이 바뀌게 됩니다. 인간과 인공지능 로봇이 공동체로 묶여 다른 천체와 소통하는 플랫폼의 역할을 하게 됩니다. 지구 위에서 인간이 우주를 모방하는 것이 아니라 지구가 우주와 대등한 위치가 되도록 우주와 함께 사는 관점으로 바뀌는 겁니다. 이때 XR이 우주로까지 확장합니다.

그 어떤 부모도 아이에게 나쁘게 크라고 하지 않습니다. 부모는 아이 삶의 가치 체계를 세워 줍니다. 이것이 대대로 물려오면서 철학 체계를 만들었습니다. 인간도 감정과 가치라는 데이터를 주고받는 존재입니다. 여태껏 그렇게 생각을 한 적이 없을 뿐입니다. 아버지가 아이에게, 또 그 아이가 아버지가 되어 아이에게 전하는 가치 체계가 모두 데이터의 집합입니다. 인공성과도 마찬가지입니다. 인간성과 인공성 객체도 서로 데이터를 주고받는 존재입니다. 따라서 인간성과 인공성 사이에도 인간 지식의 전달만이 아닌 인간 성격의 순환도 가능해집니다. 부모가 아이를 대하듯이 그 어떤 인간도 인공성을 나쁘게 키우지 않습니다. 인간성이 인공성의 선과 악을 좌우합니다.

그러므로 지금부터는 모두가 우주 차원의 철학을 공부해야 합니다. 아이들에게 '우주철학 하기'를 할 수 있도록 교과과정을 만들어야 합니다. 우주는 명사가 아니라 동사입니다. 아이들이 자기만의 영토, 영역을 우주로 확대하는 겁니다. 우주는 유리된 공간이 아님니다. 어둡고 압도적인 영역이 아니라 인간이 유영할 수 있는 곳이라는 새로운 생각으로 우주를 구상하기, 우주적인 스케일로 크게 인간을 바라보는 연습을 해야 합니다. 지구 상에서 바라만 보던 우주가 아니라 인간이 자기 삶의 영토로 생각하는 우주가 되어야 합니다.

이런 철학 하기의 과정은 인간 사고의 진화라는 관점에서 접근해야 합니다. 우주철학은 일반적인 우주론과 천문학과는 다릅니다. 초중고 교과과정에 우주학이 있어야 합니다. 지구과학 같은 지금까지의 교과과정을 생각하면 안 됩니다. 천체와 철학, 공전과 철학, 행성 궤도와 철학, 수학과 우주, 생명과 우주 등 자연과학의 굴레에서 배웠던 것을 넘어 내 삶의 영역으로 여겨지는 영토성을 부여받은 장소로서의 우주에 관해 생각할 수 있는 학문이어야 합니다.

2021년 우주를 다른 차원으로 생각할 수 있는 신기한 경험을 한 적이 있었습니다. 프로야구 KT 위즈와 삼성 라이온즈 경기 중계 카메라에 토성이 잡힌 것입니다. 8월 29일 수원 KT위즈파크에서 열린 2021 KBO리그 KT와 삼성 경기 8회 말 시작을 앞두고 MBC 스포츠플러스 화면에 토성이 나타났습니다. 육안으로도 아주 선명하게 토성이 보였습니다. 중계 방송을 하던 캐스터도 신기해했습니다. 맨눈으로 토성을 보니 '내가 살고 있는 곳이 진짜 우주 속이구나.'라는 생각이 들었습니다. 특별한 이벤트 없이 순전히 보통의 삶 속에서 우주라는 것을 처음 느껴본 사건이었습니다.

고대인들은 하늘을 볼 때마다 외계 행성이 보였을 테니 우주 감각이 지금보다 훨씬 컸을 겁니다. 우주란 '내가 사는 곳에서 먼 곳 어디'라는 생각을 늘 하고 살았을 겁니다. 고인돌 덮개돌을 보면 별자리 홈(성혈)이 새겨져 있는데 그 옛날부터 인간이 우주에 대한 관심이 많았다는 것을 알 수 있습니다. 옛날에는 제천의식도 그렇고 첨성대도 그렇고, 지금보다 훨씬 우주가 삶의 일부인 상태로 살았습니다. 고구려의 천문도를 기반으로 제작된 〈천상열차분야지도天象列次分野之圖〉와 혼천의, 간의, 소간의, 앙부일구, 일성정시의 등 정밀한 관측 기기들을 보면 지금보다 생활은 불편했지만 우주가 모두의 삶에 들어와 있던 때였습니다. 지구가 우주를 가리지 않았던 시절이었습니다. 이때의 우주는 과학자와 기술자만의 우주가 아니었습니다. 오히려 모두가 우주적으로 각성이 되어 있던 때였고, 모두의 우주철학이 펼쳐진 시대였습니다.

그런데 고대철학 이후 실천적 유물론에 이르기까지 20세기까지의 철학은 현대의 과학과 기술이 발견한 우주의 실상을 알지 못한 채 사유했습니다. 지구를 중심으로만 생각했기 때문입니다. 지금부터는 지능감각인공성 로봇이 나타난 현실의 풍경을 확대하여 '우주 속'에 있는 '우리와 나'를 배워야 합니다. 인간이 살고 있는 지구상에서의 철학을 뛰어넘는 사상이 필요합니다.

성리학에도 우주론이 있었습니다. 고대와 중세의 철학자들이 천문학에 심취했던 이유가 무엇이었을까요? 이들은 최초의 원시인이 바라보았던 하늘을 바라보면서 세상에 대한 최초의 생각을 했던 인간의 유전자를 이어받았던 겁니다. 그때 이미 지구를 우주 속 하나의 꼭지점으로 보고 다른 점들과 연결하며 지구가 이동하는 플랫폼을 만들고 있던 건 아닐까요? 고대인들은 지금의 우리보다 훨씬 더 우주철학적으로 인식하고 있었고, 그들의 세계관은 곧 우주관이었습니다. 그래서 기하학이 발전했던 건지도 모르겠습니다. 기하학은 우주철학을 이해하는 지금의 컴퓨터 언어에 해당하는 것이었습니다.

우주를 이해하는 것이 지능의 정수였고, 천문학을 통달한 사람이 검색 엔진의 역할을 했던 것입니다. 사실 역사적으로 보면 빅데이터의 구심점이 천문학이었습니다. 다시 말하면 인간에게 지능이 있는 이유가 우주를 이해하기 위해서였다고 생각한 것입니다. 흔히 우주는 인간이 범접할 수 없는 신의 영역으로 그려졌습니다. 그러므로 우주를 이해하면 신을 이해하는 셈이었습니다.

우주철학자는 우주의 기원, 구조, 무한성 등 물리적 우주론에 철학적 사유를 더해 존재의 본질을 탐구하는 사상가입니다. 아낙시만드로스 *Anaximandros* 는 지구가 우주의 중심에 정지해 있다는 모델을 주장했고, 스토아 철학자들은 우주의 이성과 윤리적 측면을 강조했습니다. 무한 우주를 주장한 조르다노 브루노 *Giordano Bruno* (1548~1600), 천문학을 연구한 철학자 임마누엘 칸트 *Immanuel Kant* (1724~1804), 우주론적 신념을 지킨 조르주 르메트르 *Georges Lemaitre* (1894~1966)가 대표적인 우주철학자입니다.

이들은 우주 속 인간의 위치와 삶의 의미를 철학적으로 성찰했습니다. 조르다노 브루노는 코페르니쿠스의 지동설을 넘어 우주가 무한하며, 태양은 수많은 항성 중 하나에 불과하다는 '무한 우주론'을 주장했습니다. 이 주장은 기존 종교적 세계관과 충돌한 나머지 조르다노 브루노는 화형을 당했습니다. 임마누엘 칸트는 철학자이자 천문학자였습니다. 칸트의 박사학위 논문 주제는 철학이 아니라 천문학이었습니다. 칸트는 뉴턴 역학에 기반하여 우주의 진화를 연구했습니다. 성운설 *星雲說, Nebula hypothesis* 을 제안하며 우주가 끊

임없이 변화한다는 관점을 제시했습니다. 신부이자 천문학자였던 조르주 르메트르는 현대 빅뱅 우주론의 기초가 되는 팽창 우주론을 제기하여 우주의 시작점에 대해 철학적, 과학적 논쟁을 일으켰습니다.

우주를 보는 사고의 기원을 찾아 나섰던 이 학자들의 생각을 오늘날로 소환해야 합니다. 인공지능 모델이 나타나자 생긴 현상 중 하나가 지금의 인공지능을 연구하는 데에 자꾸 과거의 무언가를 소환하는 겁니다. 인공지능 연구는 생각보다 더 많이 '과거를 찾아 미래 구현하기'의 성격을 갖습니다. 그러고 보면 인공지능의 특징은 온고지신溫故知新, 법고창신法古創新입니다. 인공성을 공부하다 보니 인간성을 더 깊이 사유하게 되는 것입니다.

인공지능에 관해서 탐구하면 할수록 인간에 대해서 몰랐던 것을 더 많이 알게 되고 궁금해집니다. 인공지능 개발자들이 인문학에 심취하는 이유가 다 있었습니다. 이런 생각을 하다 보면 칸트 역시 인공지능 개발자의 범주에 들어갑니다. 저는 칸트가 인간의 이성을 순수하게 비판했던 것도 이런 그의 우주철학적 사유가 있었기에 가능했다고 봅니다.

인공성을 탐험하다 보면 우주의 기원에 대해서 생각하게 됩니다. 결국 인간에게서 나온 인공성은 세계 기원에 관한 생각을 낳고, 이는 곧 모든 것의 기원인 우주로 향하게 됩니다. 우리의 사유와 생각이 어디에서 나왔는가에 대한 물음은 수만 년 전 루시가 했던 '세상은 왜?'라는 물음과 같습니다. 그리고 우리는 '만약에 ~라면'이라고 가상적으로 추론합니다. 최초의 원시인 루시도 우주를 보면서 이렇게 세상을 생각하고 세상을 모방하고 살려고 했을 것입니다.

그러므로 인공지능을 갖게 된 우리나 그때의 루시나 우주를 보면서 철학을 하던 그 버릇에서 모든 것의 기원을 따져 물을 방법을 갈구했던 것입니다. 결국 우주 속에 있는 나도 무언가에 의해서 만들어진 인공성이라는 것을 알게 된 것입니다. 인간도 인공성을 가진 존재라는 깨달음을 알게 되면서 우주를 추구하기 시작했습니다. '왜 무언가가 있는가?'라는 질문은 이미 '있음'과 '없음'이라는 이분법적 구분을 전제로 합니다. 그러나 우주의 근본적인 상태는 이런 구분을 넘어섭니다.

이런 철학적 사유를 구현한 것이 CERN *Conseil Européen pour la Recherche Nucléaire*(유럽 입자 물리 연구소)의 대형 강입자 충돌기 *Large Hadron Collider, LHC* 입니다. LHC는 우주 초기의 상태를 재현하기 위해 만들어졌습니다. 그런데 재밌게도 인터넷인 월드와이드웹 *www* 도 CERN에서 탄생했습니다. 우주를 연구하는 곳에서 일하던 영국 런던 출신의 컴퓨터 과학자 팀 버너스 리*Tim Berners-Lee*가 서로 다른 언어를 사용하는 여러 나라의 과학자들이 정보를 더 쉽게 공유하는 방법을 생각하다가 월드와이드웹을 발명했습니다.

월드와이드웹의 원리와 기술은 결국 지구 위에 펼쳐진 옅은 우주를 나타냅니다. 팀 버너스 리의 목적은 연구자가 자기의 아이디어를 특허로 독점하지 않고 공개하자는 취지였습니다. 마치 우주의 만유인력처럼 말입니다. 지금 우리의 빅데이터 집합체이며 인공지능 모델의 단초이자 결과인 인터넷이 알고 보니 우주철학을 지구상에 구현한 구조체였습니다. 우주철학이 생각보다 가까이에서 인간의 역사에 영향을 끼치고 있었습니다.

우주철학은 우주의 기원, 존재의 의미, 그리고 그 안에서 인간의 위치를 탐구함으로써 과학적 사실을 넘어선 근본적인 물음에 답하는 학문입니다. 인간의 작음과 우주의 방대함을 보여줌으로써 새로운 문명적 가치와 삶의 의미를 제시하여 인간 인식의 지평을 확장합니다. 우주철학은 과학이 '어떻게'에 집중할 때 '왜'라는 질문을 던져 우주를 더 깊이 이해하도록 돕습니다.

우주철학이 사변적인 물음과 답에서만 멈추면 의미가 없습니다.

우주의 성질을 알고 이를 인류와 자연에 이롭게 사용해야 합니다. 요새 인공지능이 널리 회자하면서 철학에 대한 필요성을 강조하는 목소리가 많이 나옵니다. 우주철학은 계속되어 인공성, 추상성, 가상성을 넘어 우주성까지 뻗어나가야 합니다.

르네상스 시대와 철학에서 경험론이 나타난 시대에 인간은 세상에서 세상을 인식하는 인간의 능력으로 관심을 돌렸습니다. 그런데 이 세상이라는 곳을 한번 생각해봐야 합니다. 어디서부터 어디까지가 세상일까요? 공간으로서의 세상은 어디를 말하는 것일까요? 시간으로서의 세상은 어디일까요? 우선 우리가 접할 수 없는 곳까지 확장해볼 필요가 있습니다. 그곳이 사실 우주일 테니까요.

대기권, 성층권, 중간권, 열권으로 지상에서 위쪽으로 올라가다 보면 까맣게 보이는 공간이 우주라고 생각하는 것은 우주에 대한 반성 없이 그렇게 생각하도록 강요된 생각입니다. 오히려 지구 안쪽으로 들어가는 방향이 우주일 수도 있습니다. 외계 행성에서 지구로 다가오면서 계속해서 접근하면 지구 속으로 들어갈 테니까요. 그러니 우주를 알려면 지구 속 인간이 쉽게 접하지 못했던 곳, 그래서 여태껏 알 수 없었던 곳을 탐사하고 탐구해 봐야 합니다. 개인 인간의 힘만으로는 어려웠던 일이지만 인공지능을 이용하면 시도해 볼 수 있습니다.

여기서 인공지능을 만나 재미있을 학문을 소개합니다. 생물학과 곤충학입니다. 우주와 연관될 수 있다면 그 어떤 학문이든 인공지능과의 협업을 통해서 흥미로워질 수 있습니다. 인공지능이 받쳐주는 세상에서 앞으로 주목해야 하는 공부는 우주와 어떻게 관계 맺을까에 대한 대답입니다. 인공지능 시대에 유망한 학문이란 어쩌면 우주를 알 수 있도록 해주는 분야의 공부입니다. 우주라는 대전제 속에서 연구할 것이 많고 관련 아이템에서 수익이 날 수 있는 분야를 가리킵니다. 인공지능은 허공을 가로지르는 양탄자를 만들 수 있는 실입니다. 우주로 날아갈지 지구 위를 맴돌지는 여러분에게 달렸습니다.

우주와 생물학

인공지능은 현대 생물학 연구의 패러다임을 바꾸고 있습니다. 천문학적 양의 생물학적 데이터를 정확하게 처리하고, 복잡한 패턴을 빠르게 인식합니다. 게다가 실험에 대해서도 빠른 예측을 가능하게 합니다. 인공지능은 이처럼 데이터 분석가, 구조 예측자로 분해서 신약 설계자의 역할을 수행합니다. 인간의 뇌만으로는 해결할 수 없는 복잡한 생명의 비밀을 밝혀냅니다.

한 예로 마이크로소프트*Microsoft*의 이너아이*InnerEye*는 최신 머신러닝 기술을 활용해 의료 영상을 자동으로 분석하고 이를 3D 모델링하여 질병을 진단하고 치료 계획을 세웁니다. 알파폴드*AlphaFold*는 전통적인 생물물리학적 접근법에서 벗어나 예측 정확도를 획기적으로 향상시켜 신약 개발과 단백질 연구의 속도와 비용을 대폭 단축했습니다. 영국의 엑스사이언티아*Exscientia*는 인공지능과 생성형 인공지능을 활용하여 신약 설계 및 개발 과정을 혁신하고 있습니다. 인공지능을 기반으로 정밀 종양학 및 기타 희귀 질환 치료제를 빠르게 발굴합니다. 2024년에는 리커션*Recursion*과의 합병으로 인공지능을 통한 신약 개발 역량을 강화하고 있습니다.

아스트라제네카*AstraZeneca*는 인공지능을 활용해 수십억 개의 화합물 데이터베이스에서 원하는 효능을 가진 물질을 빠르게 찾아내고, 새로운 약물 분자를 설계합니다. 인공지능 개발 기업 앱사이*Absci* 협력하여 항암 후보물질을 설계하고, 모델라 AI*Modella AI*의 멀티모달 인공지능 기술(텍스트, 이미지, 오디오, 영상 등 다양한 형태의 데이터를 동시에 처리하고 이해하는 차세대 인공지능 기술)을 통해 항암 파이프라인을 강화하고 있습니다. 신약과 각종 질병 치료 방법 개발 말고도 인공지능을 활용해 유전자 데이터를 분석하고 원하는 기능을 가진 우수 작물 품종을 개발합니다. 원하는 물질을 생산하도록 미생물의 대사 경로를 설계하고 재프로그래밍하는 데에도 인공지능이 사용됩니다. 여기까지는 지구 차원의 인공지능과 생물학의 매칭입니다.

지금부터는 우주와 생물학을 한번 관계 맺기 해보겠습니다. 우주로 배경을 펼쳐놓으면 인간 치료보다는 생명 자체에 대한 접근으로서의 생물학이라는 면이 더 강해집니다. 1953년 스탠리 밀러 *Stanley Miller* 와 해롤드 유리*Harold Urey*의 실험은 원시 지구의 무기물 환경(메탄, 암모니아, 수소, 수증기)에서 번개와 같은 에너지원을 통해 아미노산 등 생명체의 기본 유기화합물이 자연적으로 합성되었음을 증명했습니다. 이른바 밀러의 실험입니다.

실험의 정확성과 한계에 관한 이슈는 제쳐두고라도 이 실험은 유기물 합성을 실험적으로 보여주었습니다. 화학진화 가설의 실험적 증명을 한 것인데, 무기물에서 유기물(아미노산)이 합성될 수 있음을 증명하여 생명의 기원 연구에 실증적인 근거를 마련했습니다. 원시 지구 환경 재현했다는 점이 흥미롭습니다. 이 안에서 오파

린*Oparin*이 주장한 환원성 원시 대기 환경을 인공적으로 구현(즉 인공성을 통해)하여 그 안에서 생명 탄생의 첫 단계인 유기물 자연 발생 가능성을 입증한 것입니다. 이는 철학적인 관념과 상상에 의존하던 생명의 기원 문제를 과학적 실험의 영역으로 가져왔다는 점에서 상당히 중요합니다. 여기서 우리는 과학 실험 역시 인공성이라는 철학적 문제에서 시작함을 알 수 있습니다.

최근에는 CSFK*Csillagászati és Földtudományi Kutatóközpont*의 스티븐 J. 모지스*Stephen Mojzsis* 교수가 이끄는 연구팀이 현무암 유리*Basalt Glass*가 RNA(리보핵산) 생성을 촉진하는 촉매 역할을 한다는 사실을 실험으로 증명했습니다. 실험에서는 약 43억 5천만 년 전 원시 지구의 화산 활동과 잦은 운석 충돌로 흔했던 현무암 유리를 배양지로 사용했습니다. 이 환경에서 리보뉴클레오사이드 삼인산*NTPs*이 섞인 용액을 현무암 유리에 통과시켰을 때, 약 90~300개의 뉴클레오타이드로 구성된 긴 RNA 사슬이 자연적으로 합성되었습니다.

태양계에 이런 증명으로 생명체의 근원을 밝힐 수 있는 환경은 지구뿐만이 아닙니다. 특히 화성은 이런 과학적 논리가 적용되기에 좋은 우주적 환경을 갖습니다. 그러므로 우리의 시야가 우주로 확대되면 지금 배우는 생물학에서보다 더 큰 생태계를 배우게 됩니다.

　지구 위 생태계를 벗어나 인간 뇌의 상상은 우주 밖으로 뻗어나가게 됩니다. 여기서 우주 데이터의 역할이 부각됩니다. 중세에 천체 망원경을 만들었던 천문학자들이 분석했던 데이터의 양과 지금 분석되는 양은 천문학적으로 다릅니다. 인공지능이 나타난 지금 데이터 분석의 방향은 인간이 이를 어떻게 공부하고 상상하는가에 달려있습니다.

　상상력도 공부해야 나타납니다. 아예 데이터센터를 우주에 짓자고 하는 주장도 나오고 있습니다. 우주 데이터센터로 우주 엘리베이터를 타고 오갈지도 모릅니다. 놀랍게도 우주 엘리베이터를 만들겠다는 아이디어는 이미 1895년에 나왔습니다. 엘리베이터를 생각해 낸 것이 기원전 236년경 고대 로마 때부터이니 이때(혹은 더 이전)부터 인간은 허공과 우주를 피부로 느꼈던 건 아닐까요?

　우주로 이어지는 허공을 바라보면 우리도 결국 우주를 바라봤던 최초의 원시인 루시와 다를 바 없습니다. 생물학을 우주와 관련해 공부하면 우주와 생명체에 관해 연구할 수 있습니다. 귤화위지橘化爲枳란 귤이 탱자가 된다는 뜻으로 강남의 귤을 강북에 옮겨 심으면 탱자가 되듯이 사람도 주위 환경에 따라 달라질 수 있다는 말입니다. 지금이 우주라는 곳에 귤을 옮겨 심어야 할 때입니다. 우주가 풍경이 되면 우주가 우리의 삶에 본격적으로 영향을 미치고 우주라는 경계가 사라지게 됩니다. 우주가 풍경이 된 생물학으로 우주생물학이라는 독자적 학문도 있습니다. 인공지능이 계속 진화하면 생물학에 우주학을 접목할 수밖에 없습니다. 여기에 로봇공학도 한몫하게 됩니다.

곤충학과 우주

생물 중 곤충은 인간보다 오래전부터 우주에 있었습니다. 우리가 잘 아는 나비학자 석주명 박사와 곤충학자 파브르가 관찰하기 좋아했던 이 곤충들은 약 3억 년 전부터 비행을 시작한 생명체입니다. 강력한 포식자를 피해 하늘을 날게 된 진화적 배경을 가지고 있으며, 겹눈과 더듬이를 통해 감각을 다각적으로 인지합니다. 그러므로 인간이 모방한 대상 중에는 당연히 곤충도 많이 있습니다.

지금은 장수풍뎅이의 날갯짓과 접힘 구조를 모방하여 충격에 강하고 안정적인 비행이 가능한 곤충 모방 로봇이 개발되고 있습니다. 미국 MIT 연구진이 개발한 1g 미만의 로보비 *RoboBees* 는 꿀벌처럼 날갯짓하며 무선 비행과 수영이 가능하며, 최신 모델은 1,000초 이상 공중을 날 수 있는 효율을 달성했습니다. 소금쟁이의 수면 기동도 연구 대상입니다. 인간은 이렇게 곤충의 메커니즘을 모방하여 비행 안정성과 에너지 효율을 높이고 있습니다. 그리고 곤충은 우주라는 극한 환경에서 살아남을 수 있는 효율적인 생체 구조로 되어 있어 우주 탐사를 위한 실험에서 빠지지 않습니다.

곤충의 특성을 이용해 인공지능 기술을 발전시키기도 합니다. 인간의 뇌를 모방하고 모형으로 만든 것이 인공지능이라면 곤충의 뇌를 모방하고 모형으로 만드는 것은 '자연지능^{Natural Intelligence}'입니다. 이것이 인공지능의 다음 단계입니다. 곤충의 뇌와 감각 기관에 내재된 알고리즘을 추출해 극한 환경에서도 작동하는 소형, 고효율 인공지능 알고리즘을 개발하고 있습니다. 곤충의 시신경을 모방한 지능형 동작 인식 소자나 뇌 구조를 모델링한 인공지능을 통해서 복잡한 환경에서도 스스로 판단하고 장애물을 회피하는 기술도 개발 중입니다. 소위 인공지능 로봇 곤충을 만드는 겁니다.

인공지능이 없던 시절 개발한 로봇 곤충은 실제 곤충의 비행 메커니즘을 따라 하는 일이 어려웠습니다. 지금은 인공지능이 마련되어 로봇 곤충의 움직임을 자연스럽고 민첩하게 만들었습니다.

인공지능이 없던 때에도 인간은 곤충을 모방했고 지금도 합니다. 지금 달라진 건 딱 하나. 인공지능 기술의 유무입니다. 곤충은 수억 년 동안 진화하며 최적화된 행동 알고리즘과 구조로 되어 있습니다. 예전에 저는 '곤충학을 왜 연구하나?'라는 의문을 갖고 있었습니다. 그러나 인공지능의 시대인 지금은 반드시 배워야 하는 학문이라고 확신합니다. 곤충학의 곤충성이 인간성을 넘어서는 진화의 기폭제가 될 것입니다. 인공지능의 다음 단계를 위한 이러한 생각은 실제로 일어나고 있습니다.

사실 과거에도 그랬습니다. 고대 문명에서 곤충은 농업, 의학, 신앙의 대상으로서 많은 관심을 받았고, 그 결과 여러 물질이 발견되었고, 새로운 영감을 떠오르게 했습니다. 곤충을 관찰하고 모방하는 것은 비단 현대 로봇 공학에만 해당하는 것이 아니었습니다. 곤충은 고대부터 전 세계 신화와 전설에서 부활, 창조, 영혼, 그리고 신적인 힘을 상징하는 중요한 존재로 등장했습니다.

지금이야 고층 건물과 콘크리트 건물이 들어서서 곤충과의 공생이 어렵습니다. 집에 벌레 하나만 나와도 기겁합니다. 그러나 집 바닥이 곧 땅바닥이었던 시절 사람들은 곤충과 공생을 했고, 두 개체의 세계가 크게 구분되지 않았습니다. 곤충의 세계가 곧 인간의 세계였으니 곤충을 인간 보듯이 했습니다. 그러나 현대의 주거 환경은 곤충과의 단절만을 가져온 게 아닙니다. 지금 우리는 동물과 식물, 무생물계와 절연된 상태에서 살고 있습니다. 생태계가 관람의 영역으로만 존재합니다. 인공지능이 일부 과학자와 기술자에 의해서만 연구되고 개발되는 이유가 이래서입니다.

인공지능은 대상의 관찰에서부터 시작하는 영역입니다. 누구나 객체를 관찰하고 패턴을 익히고 분석하고 분류하고 다시 이를 분석하는 기초 연구의 순환에서 영감을 받아 기호로 기술하는 아날로그 단계가 필요합니다. 아이라면 곤충의 세계에서 어떤 이야기와 패턴을 뽑아낼까요? 아이는 곤충계를 어떻게 분류할까요?

곤충의 특징은 인간 특유의 내러티브를 통해 인간 역사에 옮겨졌습니다. 고대 이집트에서는 쇠똥구리*scarab*(스캐럽)가 쇠똥을 굴리는 모습에서 태양신 라*Ra*가 태양을 굴리는 것을 연상하여 부활과 창조의 능력을 지닌 신성한 곤충으로 추앙받았습니다. 쇠똥구리는 케프리*Khepri*라는 태양신으로 숭배받으며, 태양의 운행과 부활, 재생을 상징했습니다.

그리스 신화에서 사슴벌레*Stag beetle*는 요정의 마법에 걸린 존재로 여겨졌으며, 장수풍뎅이*Hercules beetle*는 헤라클레스 같은 영웅의 힘을 상징했습니다. 나비는 번데기에서 날개 달린 모습으로 변신하는 신비로운 생태 과정 때문에 '영혼'이나 '불멸'을 상징했습니다. 중국에서는 반딧불이가 병을 물리치는 힘이 있다고 믿었고, 일본에서는 잠자리를 승리의 행운으로 여겼습니다.

일부 창세 신화에서는 신의 신체나 창조물 속에서 벌레가 태어나는 이야기도 있습니다. 중국 신화에는 천지를 창조한 거인 반고盤古가 죽은 후, 그의 몸에서 자연 만물과 벌레가 생겨났다는 이야기가 있습니다. 이 작은 벌레들이 바람을 맞고 수태되어 인간이 되었다는 설도 있습니다. 한국 신화에도 벌레가 인간으로 성장하는 이야기가 있습니다. 함경도 구전신화인 〈창세가〉를 보면 다음과 같은 내용이 나옵니다.

"옛날 옛시절에 미륵님이 한쪽 손에 은쟁반 들고 한쪽 손에 금쟁반 들고 하늘에 축사하니 하늘에서 벌레 떨어져 금쟁반에도 다섯이오 은쟁반에도 다섯이라. 그 벌레 자라나서 금벌레는 사나이 되고 은벌레는 계집으로 마련하고 은벌레 금벌레 자라와서 부부로 마련하여 세상 사람이 낳았어라."

이러한 곤충 관련 신화는 인간이 자연과 교감하며 곤충의 신비로운 변태 과정과 생존 방식에 의미를 부여한 결과물입니다. 그래서 인공지능과 무슨 상관이냐고요? 인간에게 곤충에 관한 특징이 보이기 시작했고, 인간이 곤충계를 우주적으로 생각한 결과 인간의 뇌는 곤충의 세계를 하나의 가상 세계로 파악하고 그 속에서 인간과 연관시킬 수 있는 것들에 가상성과 추상성을 부여했습니다.

특히 신령함에 대한 영감은 문명에서 곤충의 위상을 세웠습니다. 곤충이 인간과 하나가 되는 풍경에서 자연스러운 현상이었습니다. 어렸을 적 부모에게 들었던 곤충 이야기를 아이는 커가면서 이야기 바깥 세상에서 만나 교감하기 시작했습니다. 그렇게 시간이 흘러 어렸을 적 신화와 이야기로 만났던 곤충이 데이터화되기 시작했습니다.

아리스토텔레스*Aristotle*(기원전 4세기)는 최초의 곤충학자입니다. 곤충의 구조, 행동, 서식지 등을 아카이빙했습니다. 특히 곤충의 변태 *metamorphosis*(애벌레에서 성충으로 변하는 과정)에 깊은 관심을 보였으며, 날개 구조 등을 기준으로 곤충을 분류했습니다. 이 분류 기준의 정립부터 본격적인 데이터화가 시작합니다. 데이터 분류 기준 정립에 분석자의 모든 도메인 지식이 총동원됩니다. 데이터에 대해 많이 알고 경험이 많을수록 남다른 인사이트가 튀어 나옵니다. 아리스토텔레스의 제자인 테오프라스토스*Theophrastus* 역시 곤충을 연구한 고대 그리스의 식물학자이자 박물학자입니다. 플리니우스*Plinius* 는 로마 시대의 박물학자로 여러 곤충 종에 대한 기록을 남겼습니다. 중세 학자들은 플리니우스의 《박물지*Naturalis Historia*》 중 제11권을 인용하며 곤충의 행동과 생태를 연구했습니다. 데이터 기록과 분류 체계 정립은 인공지능 개발의 토대가 되는 기본적인 요건입니다.

곤충에 관한 데이터는 인간의 상상력을 동원한 신화와 전설로 시작하여 신학적 상징, 문학, 농업, 의학의 소재로 쓰이다가 16~17세기 현미경이 발명되면서 얀 스왐메르담*Jan Swammerdam* 과 같은 학자에 의해 과학의 한 분야로 확립되기 시작했습니다. 성 베다*Bede the Venerable* 및 수도사들은 곤충을 상징적 존재로 기록했습니다. 꿀벌은 근면함과 교회의 조직력을 상징하는 것으로 묘사되었습니다. 베스티어리*Bestiary*(동물지) 작가들은 개미, 파리, 꿀벌, 거미 등을 도덕적 교훈을 주는 존재로 묘사했습니다. 예를 들어, 개미는 겨울을 위해 식량을 저장하는 근면함의 표본으로 기록되었습니다. 우리가 잘 아는 이야기 〈개미와 베짱이〉에서 나타나는 맥락입니다.

울리세 알드로반디*Ulisse Aldrovandi*(1522~1605)는 1602년 곤충에 대한

대규모 논문집 《곤충 동물에 관하여*De Animalibus Insectis*》를 출간하여 중세의 관찰을 과학적 체계로 연결했습니다. 여기서는 비단 생산, 염료 추출, 꿀 생산 등 경제적 목적으로 곤충을 관찰했습니다. 마리아 지빌라 메리안*Maria Sibylla Merian*(1647~1717)은 곤충의 변태 과정을 최초로 정밀하게 관찰하고 그림으로 남겼습니다. 데이터를 이미지화, 시각화한 것입니다. 이전의 미신적 곤충관을 과학적 관찰로 바꾼 인물입니다.

이들의 관찰 방식, 기록 방식은 모두 이후 학자들의 데이터 과학에 영향을 미쳤습니다. 인공지능의 교본이 없던 때였지만 인공지능에 대한 틀이 만들어지고 있었습니다. 윌리엄 커비*William Kirby*(1759~1850)는 《곤충학 입문*An Introduction to Entomology*》을 저술하여 곤충학의 토대를 마련했습니다. 찰스 다윈*Charles Darwin*(1809~1882)은 수많은 곤충 표본을 수집하고 딱정벌레, 곤충의 수분*pollination* 등을 연구한 중요한 곤충학적 업적을 남겼습니다.

그리고 장 앙리 파브르*Jean-Henri Fabre*(1823~1915)는 프랑스의 '곤충의 시인'이자 재야 곤충학자입니다. 30여 년간 곤충의 본능과 생태를 관찰하여 10권의 《곤충기*Souvenirs Entomologiques*》를 남겼으며, 행동학적 관점에서 곤충을 연구했습니다. 파브르의 곤충 연구 방식은 데이터 기반의 관찰과 행동 학습이 주를 이루었습니다. 수십 년간 끈질긴 현장 관찰을 통해 곤충의 본능과 행동 패턴을 데이터화하여《곤충기》를 완성했는데, 이는 인공지능이 데이터를 학습하여 행동을 익히는 방식과 유사합니다.

파브르는 곤충을 단순히 수집하지 않고, 직접 겪고, 실험하는 생태 관찰을 중요하게 여겼습니다. 그는 특정 곤충의 반복적인 행동 데이터를 수집하여 곤충의 복잡한 본능과 행동 습성을 논리적으로 규명했습니다. 강화 학습*Reinforcement Learning*이나 행동 복제*Behavior Cloning* 인공지능은 파브르처럼 수많은 환경적 데이터를 관찰하고 학습하여 행동 방침을 세웁니다.《곤충기》에 나타나는 정밀한 행동 관찰은 실제로 현대 인공지능 및 로봇 공학 연구의 핵심 영감과 기초 데이터로 활용되고 있습니다.

조복성(1903~1984)은 일제강점기부터 한국 땅을 누비며 곤충을 채집하고 연구한 한국 근대 곤충학의 개척자입니다. 만주, 내몽고 등지까지 채집 여행을 다녔습니다. 석주명(1908~1950)은 75만여 마리의 나비 표본을 통계학적으로 분석했습니다. 이들은 곤충을 단순히 형태로 분류하는 것을 넘어 곤충의 생활, 행동, 본능을 연구하여 곤충학을 현대적인 학문으로 발전시키는 데 핵심적인 역할을 했습니다.

　방대한 데이터를 수집하고 수치화하여 분류 체계를 확립한 이들의 연구 방식은 현대의 빅데이터 기반 인공지능 분류 방식과 매우 유사한 학문적 통찰을 보여줍니다. 오늘날 인공지능이 많은 양의 이미지 데이터를 학습하여 객체를 식별하고 분류하는 것처럼 이들은 수십만 마리의 나비를 직접 관찰하고 데이터화하여 분류 체계를 확립하는 '인간 인공지능 모델'이었습니다. 현대의 인공지능 기반 분류 연구의 핵심 원리를 몸소 실천했던 것입니다. 게다가 파브르와 석주명은 곤충을 매개로 문학과 언어학에 심취하기도 했습니다. 석주명은 지방 방언과 제주학 연구에도 걸출한 연구 업적을 남겼습니다. 이를 보면 인공지능으로 가는 길에는 다양한 인식의 전환점과 뇌의 활동이 있었습니다.

　곤충학을 우주학에 연결해보겠습니다. 언뜻 낯설게 보이지만 이 중간에 인공지능을 끼워 넣으면 생체모방 기술*Biomimicry*을 통해 서로 밀접하게 연결되어 있다는 것을 알 수 있습니다. 더군다나 곤충학에서는 인공지능을 능가하는 곤충 뇌 기반 자연지능을 연구 중입니다. 곤충은 작은 뇌로도 복잡한 환경에서 장애물을 피하고 비행하며 경로를 찾는 놀라운 능력을 갖추고 있습니다. 과학자들은 이러한 곤충의 신경학적 효율성을 연구하여 딥러닝보다 가볍고 계산량이 적은 인공지능 알고리즘을 개발 중입니다. 이를 우주로 확장하여 영국의 옵테란Opteran은 곤충 뇌 기반의 소프트웨어를 개발해 화성 시뮬레이션 환경에서 우주 로버Rover를 테스트하고 있습니다.

이 기술을 이용하면 기존 로버보다 가볍고 좁은 공간에서도 이동이 가능한 로버가 만들어질 수 있습니다. 곤충의 뇌 구조를 모방한 인공지능Neuromorphic AI 기술을 활용해 화성 탐사 로버의 자율주행 능력을 획기적으로 개선하는 프로젝트를 유럽우주국ESA 및 에어버스Airbus와 협력하여 진행하고 있습니다. 곤충이 복잡한 환경을 적은 에너지만 사용하여 비행하고 탐색하는 능력을 역공학으로 구현했습니다. 기존 화성 로버들이 사용하는 무겁고 느린 3D 매핑 방식 대신 옵테란이 개발한 '옵테란 마인드Opteran Mind' 소프트웨어는 간단한 2D 카메라 4대만으로 수 밀리초(ms) 만에 주변 환경을 이해하고 깊이를 인식합니다. 화성에서 지구가 보내는 명령 없이도 로버가 스스로 더 빠르고 멀리 안전하게 이동할 수 있도록 자율성을 높이는 것을 목표로 하고 있습니다.

곤충과 같이 인간과 매우 다른 신경 체계를 가진 생물의 의사소통을 이해하는 것은 상당히 어렵습니다. 곤충의 의사소통 체계를 이해해서 이를 다시 인간의 언어로 정확히 번역하는 것도 쉬운 일이 아닙니다. 그러나 곤충과 인공지능의 결합은 인간에게 새로운 통찰력과 기회를 제공합니다. 인공지능이 풍경이 된 세상의 다양한 분야에서 혁신을 가져올 수 있습니다. 그리고 이 혁신은 우주적입니다. 인간이 자연과 예전처럼 공존할 수 있는 세상이 될 수 있습니다. 그 옛날 플리니우스가 관찰한 바와 마찬가지로 곤충은 작지만 복잡한 구조로 되어 있습니다. 그리고 그의 말대로 '자연은 곤충이라는 가장 작은 작품 속에서 가장 큰 완벽함'을 보여줍니다. 이처럼 곤충은 인간에게 지능적 힌트와 영감을 주는 데에 큰 역할을 하고 있습니다. 신화와 이야기의 주인공으로 인간 역사에 등장한 곤충은 이제 인공지능의 다음 단계를 준비할 수 있는 자연지능의 주인공으로 인간 문명에 재등장했습니다.

우주와 예술

이러한 외연의 확대는 내방內方이 외방外方이 됨을 뜻합니다. 지구에서만 벌어지던 일을 우주로까지 확대해서 생각하는 버릇을 길러야 합니다. 그래서 더 많은 지능적 힌트를 얻을 수 있어야만 합니다. 우주에 관한 생각, 상념은 어떤 식으로 계발할 수 있을까요? 우주의 습성을 파악하려면 어떻게 해야 할까요? 우주학을 배워야 할까요? 그것보다는 우주를 바라보기가 우선입니다. 내 옆의 공기가 우주와 이어진 것임을 깨달아야 합니다.

우주 예술은 이런 방법의 하나입니다. 우주로 나가 본 인간은 우주의 거대함, 광활함, 지구의 오묘함, 초라함 등의 복잡한 감정으로 북받칩니다. 무엇보다도 세계관에 큰 전환이 나타납니다. 지구 상에서의 가치관도 바뀝니다. 우주에서 지구를 바라본 사진을 보고 있노라면 인간이 지구라는 하나의 유기적 전체에 속해 있음을 깨닫는 철학적 경험을 하게 됩니다. 이런 감정의 복잡함과 사고의 전환을 일으키는 우주를 우리 곁에 두어야 합니다. 우리가 시상詩想을 떠올리기 위해 고궁이나 공원을 찾는 것처럼 말입니다.

알렉세이 레오노프Алексей Архипович Леонов 우주에서 받은 감정을 예술적 형태로 표현했습니다. 1965년 우주선 보스호드 2호를 타고 지구 궤도를 돌면서 떠오르는 태양의 모습을 그렸습니다. 이런 일은 우주 예술로 분류됩니다. 스페이스 그래피티Space graffiti라는 것도 생겨났습니다. 2018년 미국 출신 예술가 트레버 페글렌Trevor Paglen은 '궤도 반사경Orbital Reflector'이라는 작품을 우주 개발 업체 스페이스X

의 팰컨 로켓에 실어 지구 560km 궤도에 올렸습니다. 길이 30m, 폭 1.5m의 다이아몬드 형태의 위성입니다. 표면에 티타늄을 발라 우주에서 태양 빛을 밝게 반사해 세계 곳곳에서 맨눈으로도 관찰할 수 있게 했습니다.

같은 해 뉴질랜드의 소형 로켓 회사 로켓랩도 자사 개발 로켓에 디스코 볼을 실어 지구 저궤도에 올렸습니다. '휴머니티 스타Humanity Star'라고 이름 붙인 이 작품은 65개의 빛 반사판이 붙어있는 원형 위성입니다. 이런 위성은 통신이나 촬영 같은 기능을 갖고 있지 않습니다. 지구 궤도에 떠 있는 예술 작품일 뿐입니다. 반짝이는 예술 작품을 본 사람들이 우주를 느꼈으면 하는 바람을 담았습니다. 지금까지 우주는 대개 과학의 영역으로만 여겨졌습니다. 그러나 곧 우주 예술은 예술 소비자에게 제공되는 상품이 될 것입니다. 우주가 예술의 풍경이 되면서 새로운 영감을 받은 예술가들이 더 나타날 겁니다.

우주와 예술의 영역을 조금 비껴서 우주 문학이라는 장르도 있습니다. 우주를 주제로 한 문학은 공상과학 소설부터 우주적 관점에서 인간과 존재를 탐구하는 시와 에세이까지 이릅니다. 김초엽의 《우리가 빛의 속도로 갈 수 없다면》은 한국 공상과학소설의 대표작으로 미지의 우주 공간을 여행하다가 외계 행성에 불시착한 과학자들의 이야기를 통해 인간의 고독을 다룹니다.

한낙원의 《우주 탐험대》, 테드 창*Ted Chiang*의 《당신 인생의 이야기 *Stories of Your Life and Others*》, 더글러스 애덤스*Douglas Adams*의 《은하수를 여행하는 히치하이커를 위한 안내서*The Hitchhiker's Guide to the Galaxy*》, 이탈로 칼비노*Italo Calvino*의 《우주만화*Cosmicomics*》, 칼 세이건*Carl Sagan*의 《코스모스*Cosmos*》, 권재술의 《우주를 만지다》, 윤성철의 《우리는 모두 별에서 왔다》 등을 읽으면서 우주를 만나는 것도 좋습니다.

윤동주의 〈별 헤는 밤〉도 우주적으로 다시 해석해 볼 수 있지 않을까요? 김영산의 《시마詩魔》는 우주적 인식과 감성을 시로 표현한 작품들입니다. 하재연의 〈빛에 관한 연구〉는 우주적인 회전을 생각하며 시공간과 인간의 존재를 다루는 현대시입니다. 제프 르미어*Jeff Lemire*의 《디센더*Descender*》는 로봇과 인간이 공존하는 우주에서 펼쳐지는 모험과 감동적인 이야기를 담은 만화입니다.

이 작품들은 우주라는 광활한 공간을 배경으로 하거나 소재로 삼아 독자들에게 미지의 세계에 대한 동경과 두려움, 그리고 인류의 존재에 대한 새로운 시각을 선사합니다. 우주철학이 인공지능을 배우는 방법으로서의 기술이라는 게 이런 양상을 갖습니다. 우주를 바라보던 최초의 원시인이 우주의 것들을 모방했고, 인공성의 영감을 떠올렸고, 고대와 중세를 지나 발전한 인공성이 근현대 들어 인공지능 모델을 성공적으로 개발했습니다.

인공지능은 최초의 인간이 바라보던 우주를 우리의 우주로 바꿔가기 시작합니다. 인간의 풍경이 우주로 확장하게 해줍니다. 그리고 우주가 삶의 풍경이 된 인간은 철학을 우주화합니다. 천동설, 지동설이라는 이론이 사람들의 가치관을 흔들고 삶의 중심을 잡았을 때와 마찬가지로 지금부터 우주가 다시 한번 인간의 세계관을 전환합니다.

코페르니쿠스가 지동설을 주장했을 때 그의 근거 역시 수학적 모델이있습니다. 그러므로 지금의 인공지능 모델이 근거를 제시하는 방식과 같았습니다. 코페르니쿠스의 수학적 모델은 태양을 우주 중심에 고정하고 지구를 포함한 행성들이 그 주위를 완벽한 원형 궤도로 균일하게 공전한다는 것이었습니다. 모든 행성의 궤도는 완벽한 원이어야 한다는 철학에 따라 여전히 복잡한 주전원 *epicycle* 과 이심원*deferent* 을 사용하여 행성의 겉보기 운동(역행 등)을 계산했습니다. 코페르니쿠스는 프톨레마이오스의 지구 중심 모델보다 천체의 위치 계산을 훨씬 명확하고 단순화했습니다. 이러한 수학적 모델을 활용해서 지구가 우주의 중심이 아니라는 태양 중심의 우주를 제시하여 인간은 더 이상 특별한 존재가 아니게 되었습니다. 지동설이 공간적 중심에서 지구를 확장했다면, 인공지능은 사고의 중심에서 인공성을 확장하고 있습니다.

인공지능은 인지적 관점에서 인간의 위치를 재정의하는 이 시대의 코페르니쿠스적 전환입니다. 스위스 취리히공대 레나토 레너*Renato Renner* 연구팀은 지구에서 본 화성과 태양의 움직임에 관한 데이터를 자체 개발한 인공지능에게 제공하고 어떤 결과가 나오는지 알아봤습니다. 그 결과 연구팀이 개발한 인공지능은 코페르니쿠스가 발표한 태양을 중심으로 한 화성 궤도 계산식을 재발견했습니다.

이점은 우리에게 두 가지를 알려줍니다. 코페르니쿠스의 뇌가 한 일과 인공지능이 한 일이 같았다는 점 하나. 그리고 인공지능이 방정식을 도출했지만, 이 방정식을 해석하고 실제로 어떤 현상과 관련이 있는지 이해하기 위해서는 인간의 눈이 필요하다는 점입니다. 인간의 역사에는 지금의 인공지능에 필적하는 천재들이 있었습니다. 이들이 발견한 새로운 것들과 이를 가능하게 한 사고 전환의 사건이 모이고 모여 지금의 인공지능 모델을 가능하게 했습니다.

　천재를 만드는 것은 한 사람의 뇌로만 가능하지 않습니다. 그를 둘러싼 모든 뇌들과 마음들이 플랫폼이 되어 누군가가 아닌 누구나의 뇌와 마음을 영리하고 단단하게 만듭니다. 디지털 기술과 인공지능 기술의 발전으로 '천재들의 합창'을 듣고 있는 우리도 인공지능으로 커가고 있습니다. 그리고 잊지 마시길 바랍니다. 여러분이 또 인공지능을 키울 수 있습니다.

현대인도 우주를 바라본다

현대인은 허공이 빈 곳이 아니라는 것을 알게 되었습니다. 그곳에는 전파와 전기가 있었고, 이는 인공지능을 만드는 데에 중요한 단서를 제공했습니다. "여기서 저기까지 아주 먼 곳으로 내가 알고 있는 것을 어떻게 보낼까?", "저기서 여기까지 어떻게 저들 뇌 속에 있는 것을 어떻게 가져올까?"라는 물음에 대한 답을 허공 즉, 우주에서 찾아 오늘날 인공지능까지 오게 되었습니다.

'여기', '저기'가 지리적 거리이면서 또한 시간의 거리라는 것을 이해하면서 문자가 탄생했고, 소리를 저장하는 장치도 나왔습니다. 태초 이후 인간이 수많은 역경과 욕구 속에서 인식 전환의 순간을 점프했고, 많은 발명품을 만들어내자 현대인은 이전 세대가 만들어 놓은 기계라는 플랫폼에 새로운 임무를 부여했습니다. 그것은 추월(성)이었습니다. 이전 세대가 해온 것보다 더 빠르게 시·공간을 확대하려고 한 결과 컴퓨터가 탄생했습니다.

자연과 부딪치며 가상성, 추상성의 수준이 올라가고 새로움에 대한 직관성이 높아진 인간은 디지털 컴퓨터 기술로 공간을 넘고 시간을 거슬러 정신을 움직일 수 있었습니다. 인간의 역량을 추월하는 컴퓨터라는 기계가 플랫폼으로 기능하자 이와 함께 디지털성이 나타났고 인간을 추월할 모든 기계성, 인공성의 집합체가 인공지능으로 나타나게 되었습니다.

이 책에서 저는 인공지능의 성격을 비非 공학적인 방법으로 밝혀보았습니다. 지금 무언가 혼자의 힘으로 풀 수 없는 난제에 부딪히거나 새로움에 대한 지적 호기심이 발동한 누군가가 인공지능 모델을 만들고 있다면 그는 최초의 원시인 루시가 그랬던 것처럼 우주가 던져 주는 힌트를 잡으려고 애쓰는 것일지도 모릅니다. 기계 기술보다 더 앞서 익혀야 하는 것은 우주를 향해서 뇌를 쓰는 전환의 기술입니다. 인공지능이 삶이 된 풍경 속에서 우리 인간은 '우주의 나는 무엇을 할 수 있을까?'를 고민해야 합니다. 우주를 바라보던 루시의 생각은 아직 끝난 게 아닙니다. 여러분에게 남아 있습니다.

**손에
잡히는
AI**

초판 1쇄 인쇄 · 2026년 3월 25일
초판 1쇄 발행 · 2026년 3월 31일

지은이 · 최원재
펴낸이 · 천정한
펴낸곳 · 도서출판 정한책방

출판등록 · 2019년 4월 10일 제446-251002019000036호
주소 · 충북 괴산군 청천면 청천10길 4
전화 · 070 - 7724 - 4005
팩스 · 02 - 6971 - 8784
블로그 · http://blog.naver.com/junghanbooks
이메일 · junghanbooks@naver.com

ISBN 979-11-998391-0-6 (03320)

• 책값은 뒤표지에 적혀 있습니다.
• 잘못 만든 책은 구입하신 서점에서 바꾸어 드립니다.
• 이 책의 일부 또는 전부를 재사용하려면 반드시 저작권자와 도서출판 정한책방의 동의를 얻어야 합니다.